D1932037

GRÖNLAND
ALASKA (USA)
Circle City
Anchorage
KANADA
Abschnitt Nordamerika (Westküste) siehe Karte S. 6
Vancouver
USA
Washington
New York
San Francisco
Los Angeles
New Orleans
Houston
Miami
MEXIKO
Mexico City
Abschnitt Mittelamerika siehe Karte S. 58
B.
HOND.
GUA.
S.
NIC.
PAN.
C.R.
Caracas
VENEZUELA
KOLUMBIEN
Bogotá
Quito
ECUADOR
Belem
Amazonas
BRASILIEN
Abschnitt Südamerika siehe Karte S. 96
PERU
Pto. Velho
Lima
Salvador
BOLIVIEN
La Paz
Brasília
Rio de Janeiro
PARAGUAY
São Paulo
Santiago
ARGENTINIEN
URUGUAY
Buenos Aires
Feuerland
AMERIKA
Reiseroute
mit dem Auto
mit dem Schiff

HANS-J. AUBERT / ULF-E. MÜLLER

Panamericana

Zwei Jahre auf der Traumstraße der Welt

Schneider-Buch

Inhalt

Schneider-Buch

© 1984 by Franz Schneider Verlag GmbH & Co. KG
München – Wien – Zürich – Hollywood/Fla. USA
Titelfoto Dr. H.-J. Aubert/U.-E. Müller
Umschlaggestaltung Dieter Mettelsiefen
Fotos Dr. H.-J. Aubert/U.-E. Müller
Karten Gert Köhler
Redaktion Angela Djuren
ISBN 3 505 09004 2
Bestellnummer 9004
Alle Rechte der weiteren Verwertung liegen
beim Verlag, der sie gern vermittelt

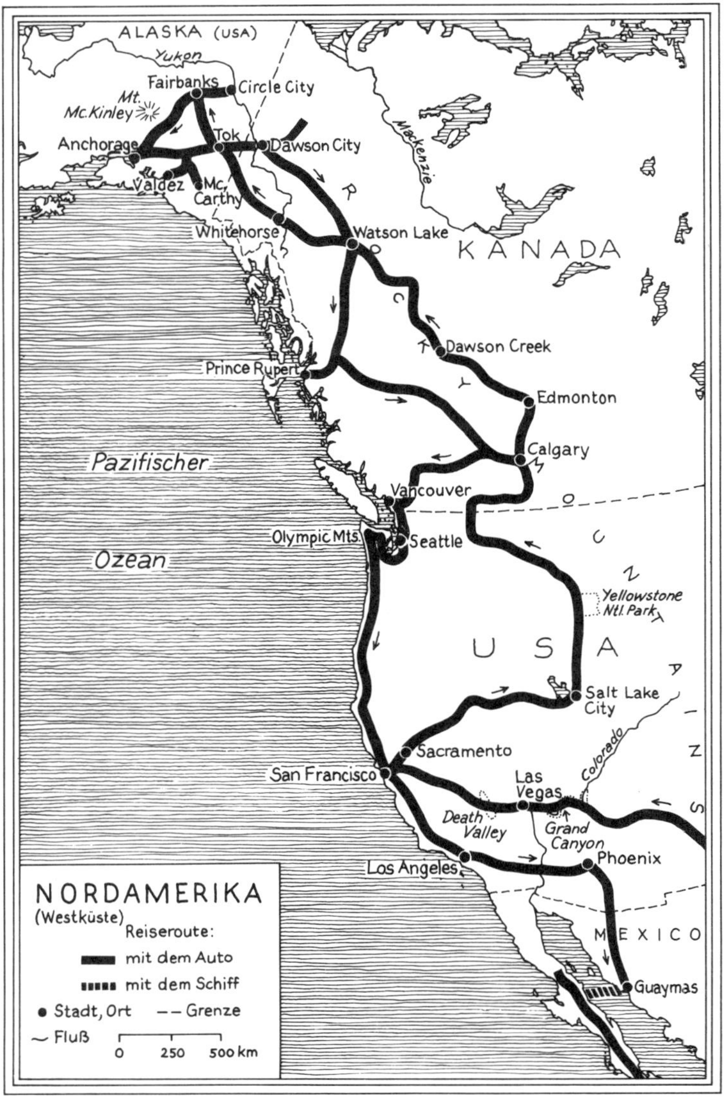

ALASKA (USA)
Yukon
Fairbanks
Circle City
Mt. Mc.Kinley
Anchorage
Tok
Dawson City
Valdez
Mc. Carthy
Whitehorse
Watson Lake
Mackenzie
KANADA
R O C K Y
Dawson Creek
Prince Rupert
Edmonton
Calgary
Pazifischer
Ozean
Vancouver
Olympic Mts.
Seattle
M O U N T A I N S
Yellowstone Ntl. Park
U S A
Salt Lake City
Colorado
Sacramento
San Francisco
Las Vegas
Death Valley
Grand Canyon
Los Angeles
Phoenix
MEXICO
Guaymas
NORDAMERIKA
(Westküste)
Reiseroute:
mit dem Auto
mit dem Schiff
Stadt, Ort
Grenze
Fluß
0
250
500 km

Aufbruch zur Panamericana

„The End of the Road“ – das Ende der Straße. Fröstelnd stehen wir vor einer hölzernen Tafel und lesen weiter: „Ältestes Goldwäscher-Camp im Herzen Alaskas, gegründet 1893, nördlichster Punkt des nordamerikanischen Straßennetzes.“ Das Schild, von einem cleveren Restaurantbesitzer unmittelbar am mächtigen Fluß Yukon aufgestellt, dürfte die einzige Sehenswürdigkeit der 68-Seelen-Siedlung Circle City darstellen. Der Wirt verleiht auch Boote und Hundeschlitten, und wem der Dollar locker sitzt, der kann die Flußlandschaft sogar vom Hubschrauber oder Sportflugzeug aus betrachten. Aber das Leben in Alaska ist schon teuer genug, daher verschlägt es nur wenige, meist rekordsüchtige Touristen zum „Ende aller Straßen“, obwohl der 250 Kilometer lange Steese-Highway sicherlich zu den reizvollsten Alaskas zählt.

Für uns allerdings hatte das Schild am lehmig-braunen Yukon eine ganz besondere Bedeutung. Auf jenem unscheinbaren Parkplatz in Circle City, keine 100 Kilometer unterhalb des Polarkreises, endet nicht nur der Weg nach Norden. Hier beginnt auch jene gewaltige Transkontinentalstraße, die unter dem Namen „Panamericana“ aus dem Inneren Alaskas 34 000 Kilometer weit nach Süden führt, um schließlich in Feuerland, der südlichsten Spitze Südamerikas, auf einer ebenso unscheinbaren kleinen Wiese am Beagle-Kanal zu enden, einen Steinwurf entfernt vom berüchtigten Kap Hoorn. Wie eine Schlagader verbindet diese „Traumstraße der Welt“ unermeßliche Urwälder, öde Wüstenzonen,

Hier beginnt die 34 000 km lange Panamericana

schwindelerregende Pässe, Millionenstädte und staubgepuderte Indiodörfer.

Lange hatten wir von dem großen Abenteuer geträumt, uns schließlich drei Jahre lang vorbereitet, jeden Pfennig dreimal umgedreht. Und dann machten wir eine merkwürdige Entdekkung: Solange wir nur geplant und geredet hatten, fanden wir in unserem Bekannten- und Familienkreis willige Zuhörer, ja sogar Verfechter unserer Idee. Als wir aber offensichtlich Ernst machten, rückte mancher von uns ab oder wollte uns doch zumindest vor einem unausweichlichen Unglück bewahren: „Den schönen Beruf einfach hinschmeißen – denkt an eure Altersversorgung – was macht ihr, wenn ihr krank werdet oder ausgeraubt?" Wir taten diese gutgemeinten Ratschläge keineswegs mit einem Schulterzucken ab, schließlich hatten wir uns mit diesen Fragen ernsthaft auseinandergesetzt. Dabei hatte es sich gezeigt, daß nicht Planung und Durchführung der Reise am schwersten waren, sondern der Entschluß, für einige Zeit aus dem gewohnten Alltag „auszusteigen", bewußt auf alle Annehmlichkeiten und sozialen Absicherungen zu verzichten und den Gedanken an die Zukunft auf die Zeit nach der Rückkehr zu schieben. Entscheidend für unseren Entschluß war das immer wiederkehrende Gefühl, an der Welt vorbeizugehen, sie nur auf der Mattscheibe vorgesetzt zu bekommen oder in Büchern darüber zu lesen. Wir aber wollten sie selbst hautnah erleben und die Neugier befriedigen, die wohl jeder kennt, der einmal auf unbekannten Wegen unterwegs war und immer weiter läuft, um auch noch einen Blick hinter die nächste Ecke zu werfen. Und sicherlich suchten wir auch ein wenig das Abenteuer, das in unserem Alltag verlorengegangen ist. Wie gut verstanden wir die Forscher der früheren Jahrhunderte, die es immer wieder hinauszog, die weißen Flecken der Landkarten mit Flüssen, Wüsten und Bergen zu füllen. Wir würden zwar keine unbekannte Wildnis mehr vorfinden, aber eine Reise auf eigene Faust durch fremde und exotische Länder wäre zumindest für uns persönlich eine aufregende Entdeckungsreise und eine Fahrt ins Ungewisse.

Diesem Drang in die Ferne steht unsere heutige Gesellschaft recht argwöhnisch gegenüber, und der Globetrotter gerät leicht in Verdacht, arbeitsscheu und undankbar zu sein – nein, eine Reise, wie wir sie vorhatten, paßt nicht in unser Gesellschaftssystem. Schon bei kleinen Dingen bekamen wir das zu spüren. Ratlos schüttelten die Angestellten des TÜV den Kopf, als wir sie fragten, was wir machen sollten, wenn die Nachprüfung irgendwo in Südamerika fällig würde. „Am besten, Sie kommen vorher zurück", lautete die hilflose Antwort. Auch abmelden konnten wir den Wagen nicht, allenfalls mit einem Zollkennzeichen versehen, dann aber hätten wir ihn bei der Rückkehr verzollen müssen, und ein Verkauf auf dem anderen Kontinent schien praktisch aussichtslos. Auf der anderen Seite wollten wir unbedingt mit dem eigenen Wagen fahren, um erstens unabhängig zu sein von Quartier, Verkehrsverbindungen, Restaurants, mühseliger Schlepperei und zweitens auch in abgelegene Regionen vordringen zu können, die der Massentourismus noch nicht entdeckt hatte. Gleich einem Einsiedlerkrebs hätten wir unsere Wohnung ständig dabei: zwei bequeme Betten, eine komplette Küche, Fotoausrüstung, Kurzwellenempfänger, Tonbandgerät und eine kleine Bibliothek. Wo immer wir hielten, würden wir uns wie zu Hause fühlen, sei es im Trubel einer Großstadt, an tropischen Palmenstränden oder mitten in der rauhen Wildnis des Nordens.

Gerechtigkeitshalber müssen wir erwähnen, daß nicht jeder uns das Unternehmen „Traumstraße" ausreden wollte. Als Ulf seinen gutbezahlten Posten in einer Großbank verließ, zeigte der Chef überraschenderweise Verständnis. „Fahren Sie nur; als ich in Ihrem Alter war, in den Jahren des Dritten Reiches, durften wir das Land nicht einmal verlassen. Uns blieb nur das Träumen." Und auch als Achim nach Abschluß des Examens seinem Geographieprofessor von den Plänen berichtete, kamen da keine Bedenken – im Gegenteil; Karten wurden hervorgekramt, Routen studiert, Vorschläge gemacht. Am liebsten wäre der Professor gleich mitgefahren.

Um das Abenteuer einer Fernreise in Grenzen zu halten, steckten wir viel Zeit, Geduld und auch Geld in die Vorbereitungen. Wir konzentrierten uns natürlich ganz besonders auf den Wagen, denn seine Funktionstüchtigkeit würde über Erfolg oder Mißerfolg entscheiden. In mühsamer Kleinarbeit eigneten wir uns die notwendigen Kenntnisse an, um notfalls auch den Motor mitten in der Wildnis zerlegen zu können. Wußten wir nicht weiter, gingen wir zum Schrottplatz und „übten“ an alten Maschinen, bis wir mit unserem Auto schließlich so vertraut waren, daß wir jede Schraube „mit Vornamen“ kannten. Neben den technischen Problemen spielen auch die menschlichen eine große Rolle, da an der falschen Wahl des Reisepartners manche hoffnungsvoll begonnene Fahrt scheitert. Abends in der warmen Stube über Atlanten gebeugt Pläne schmieden ist eine Sache, hungrig bei strömendem Regen tagelang im Wagen gefangen sein eine andere. Für zwei Jahre würden wir die Enge eines VW-Busses miteinander teilen müssen, ohne uns gegenseitig die Köpfe einzuschlagen. Glücklicherweise kannten wir uns bereits viele Jahre und hatten auch das Reisen schon ausgiebig geprobt, so daß wir in dieser Hinsicht dem Reisealltag getrost ins Auge blicken konnten.

Unser VW-Bus wird an Bord gehievt

Irgendwann an einem schneeverhangenen Märzmorgen war es dann soweit, das Abenteuer Panamericana begann.

„Ihr Fahrzeug ist älter als zehn Jahre und kann deshalb für die Verschiffung nicht mehr versichert werden", erklärte uns der Mann in der Emdener Schiffahrtsagentur. Hinter den regennassen Scheiben glitzerten und blinkten Hunderte fabrikneuer Volkswagen und warteten darauf, von flinken Kränen an Bord der *Belgrano* gehievt zu werden, an deren Mastspitze bereits der *Blaue Peter* flatterte, das Zeichen für baldiges Auslaufen.

„Sie bestätigen, daß Ihr Fahrzeug in leerem Zustand ohne persönliche Ausrüstungsgegenstände übergeben wurde", fuhr der Mann am abgewetzten Schreibtisch fort und reichte den Kuli zur Unterschrift. Ohne zu zögern unterzeichneten wir und vergaßen für einen Moment die Konserven, Filme, Schlafsäcke, Wäschestücke, Ersatzteile und Kochtöpfe, die sich draußen im Auto stapelten. Bei einem schnellen Blick ins Wageninnere gähnten zwar leere Fächer, im Handschuhfach lag ein „vergessener" öliger Lappen, alle Winkel und Ecken aber, und davon gibt es in einem ausgebauten Campingbus viele, waren bis oben hin vollgestopft. Die Vorschriften der Reederei waren durchaus keine Schikane, sondern hatten sich im Hinblick auf die Entladung in New York als notwendig erwiesen, wo fast jeder Wagen leergeräumt wird, noch ehe er das Hafentor passiert hat. Zur Besänftigung der Schauerleute in Amerika und um sie davon abzuhalten, sich unseren Bus etwas genauer anzusehen, hatten wir einen Kasten Bier auf dem Beifahrersitz deponiert und mit der Aufforderung zur Selbstbedienung versehen: „Cheers, help yourself with that original German beer from Munich." Trotzdem hatten wir ein ungutes Gefühl, als wir die *Belgrano* im Dunst verschwinden sahen und mit ihr unser treues Auto.

Bekanntschaft mit der „Drive-in-Gesellschaft"

Einige Tage später bestiegen wir in Frankfurt einen Jumbo, der uns in wenigen Stunden über den Atlantik brachte, nach New York, dem Startpunkt unserer langen Reise durch die Länder Nord-, Mittel- und Südamerikas. Unsere erste Sorge galt natürlich dem Auto. In unseren abgewetzten Parkas sahen wir wohl wie Hafenarbeiter aus, als wir festen Fußes, aber mit klopfendem Herzen durch das Tor zu den Kaianlagen in Newark schritten,

Blick auf das Häusermeer von New York

deren Betreten streng verboten ist. Der Wachmann musterte uns nur kurz, um sich dann wieder in seine Zeitung zu vertiefen. Die uns bereits vertraute *Belgrano* war nicht schwer zu finden. Sie hatte gerade erst festgemacht, und die Luken waren noch geschlossen. Da wußten wir, daß wir gewonnen hatten. Unter Hinweis auf unsere schmale Brieftasche konnten wir die Zöllner dazu bringen, unseren Wagen noch abzufertigen, ehe sie ihre Amtsstube für die Osterfeiertage schlossen. Wir müssen schon recht verzweifelt dreingeschaut haben, um die harten Burschen des Zolls zu erweichen, noch etwas länger zu arbeiten. Wir dachten dabei freilich nicht an die hohen Hotelkosten, sondern an die Langfinger, für die ein geparktes Auto im Hafen sicherlich ein willkommenes Ostergeschenk gewesen wäre, und die während der Feiertage genug Gelegenheit gehabt hätten, einmal genauer hinter die Schränke und Verkleidungen zu schauen. Dann rollten wir die ersten Meter, fädelten uns ein in den hektischen Verkehr der Millionenstadt New York – wir waren endlich unterwegs.

Aber die Reise auf der Traumstraße hatte damit noch nicht begonnen. Fünf- oder sechstausend Kilometer mußten wir hinter uns bringen, ehe wir an dem kleinen Schild in Circle City standen. Wir ließen uns viel Zeit, Amerika zu beschnuppern, Vorurteile abzubauen und mit dem „american way of life" vertraut zu werden. Schnurgerade und überdimensioniert breit haben sich die Highways durch leicht hügeliges Land gefressen. Wie durch unsichtbare Fäden verbunden, rollt der Verkehr mit gleicher Geschwindigkeit auf allen Spuren, niemand blinkt, überholt oder wechselt die Spur, überall entspannte Gesichter hinter getönten Scheiben. Manchem deutschen Autofahrer würde die vorgeschriebene Höchstgeschwindigkeit von 55 Meilen – etwa 90 Stundenkilometer – als Strafe erscheinen, aber mit unserem schwerbeladenen VW-Bus fühlten wir uns dabei bestens aufgehoben. So schreckten uns die 4000 Kilometer nicht, die wir von der amerikanischen Ostküste bis zur Westküste zurückzulegen hatten, obwohl wir uns erst einmal an die Enge des Campingwagens und den neuen Lebensstil als Globetrotter ohne festen Wohnsitz gewöhnen mußten.

Unser Drang nach Körperpflege war in den ersten Reisewochen noch ungebrochen, und es fiel uns schwer, auf die tägliche Dusche zu verzichten. Deshalb Hotels aufzusuchen, kam schon allein aus Kostengründen nicht in Frage. Auch um Campingplätze machten wir, so gut es ging, einen Bogen; es gab dort zu allen Tages- und Nachtzeiten viel Lärm und Unruhe. Warum sollten wir auch für etwas zahlen, was man umsonst haben konnte? Nur die tägliche Dusche ... Irgendwann kam uns plötzlich die Idee: Mit einem schwarzen Filzstift schrieben wir auf unser Autoheck: „Two Germans need a shower – zwei Deutsche müssen mal wieder duschen." Für dieses so dringlich bekundete Reinlichkeitsbedürfnis hatten die hygienebesessenen Amerikaner sofort Verständnis. Zehnmal täglich hätten wir jetzt „showern" können. Ohne es zu ahnen, hatten wir damit auch den Schlüssel gefunden, uns aus der Anonymität zu lösen, denn mit einem deutschen Nummernschild und dem großen „D" kann kein Amerikaner etwas anfangen. „I've got a shower", schrie ein großer Texashut durch das heruntergekurbelte Autofenster, „follow me", und schon wichen wir von der geplanten Route ab, manchmal nur ein paar Meilen, zuweilen aber auch 40 oder 50 Kilometer, was für den Amerikaner immer noch „gleich um die Ecke" bedeutet.

Die meisten unserer spontanen Gastgeber hatten irgendeine Beziehung zu Deutschland. Der eine hatte es als Besatzungssoldat kennengelernt und erinnerte sich vor allem an die deutschen „Fraulleins", ein anderer hatte es als Vertreter eines Ölkonzerns bereist und schwärmte von „beer and kraut", ein dritter, Sohn deutscher Eltern, war als Tourist auf der Suche nach der Welt seiner Vorfahren während eines Urlaubs „drüben" gewesen; ihm grauste noch vor dem hektischen Verkehr und den Autobahngeschwindigkeiten. Ein anderer wiederum war selbst Deutscher und hatte als Jude vor Kriegsanbruch emigrieren müssen. So blieb es selten beim „showern", wir mußten selbstverständlich zum Essen bleiben, und manchmal auch einen Tag länger. Freunde wurden dann herübergerufen, und eine kleine Party für die Gäste aus „Europe" improvisiert. Dabei überraschte uns immer wieder, daß trotz der weltweiten Nachrichtenverbindungen die Kenntnisse der Amerikaner über Deutschland doch recht lückenhaft sind; oberflächlich und klischeehaft wie die oft absurden Fernsehserien über die Nazi-Zeit. Diese Abende in den amerikanischen Wohnzimmern oder vor den Garten-Grills waren die eindrucksvollsten Erlebnisse der Durchquerung Nordamerikas auf dem Weg zum eigentlichen Ausgangspunkt der Panamericana.

Auf der „Straße der harten Männer"

Der erste Streckenabschnitt der „Traumstraße" ist der berühmt-berüchtigte Trans-Alaska-Highway, der sich von Dawson Creek, einer mittelgroßen Stadt im nordwestlichen Kanada, durch die Wildnis bis nach Alaska hinaufzieht.

Man schrieb den 20. November 1942, das Thermometer stand auf minus 26° Celsius, als die kleine Schar frierender Soldaten, Politiker und Ingenieure die feierliche Zerschneidung des Bandes beklatschte, womit eine Pionierleistung im Straßenbau ihren krönenden Abschluß fand. In nur acht Monaten hatten amerikanische Truppen eine über 2000 Kilometer lange „Nabelschnur" durch Sümpfe, Wälder und Tundra gelegt, und damit Alaska, den von japanischer Invasion bedrohten Riesen im hohen Norden, aus dem Dornröschenschlaf erweckt. Seit mehr als drei Jahren tobte in Europa der Zweite Weltkrieg, und seit fast einem Jahr waren Amerikaner und Japaner erbitterte Feinde. So diente die neue Straße, die zu Beginn kaum mehr war als ein rutschiger Schlammweg, in erster Linie der Versorgung militärischer Stützpunkte hoch im Norden des amerikanischen Kontinents.

Im Laufe seines nunmehr 40jährigen Bestehens hat sich der „Alcan", wie die Straße kurz und bündig genannt wird, zu einer respektablen Hauptschlagader entwickelt, auf der im Gefolge der Transportfahrzeuge längst auch die Camper, Caravans und Wohnmobile erlebnishungriger Touristen nach Norden rollen. Dennoch ist der Alcan für die Amerikaner mehr als nur eine Urlaubsstraße in die Randgebiete der Arktis. Aufkleber mit der deftigen Feststellung „We drove the Alcan-Highway – yes damned, both ways" (Wir befuhren den Alcan-Highway – ja verdammt, sogar hin und zurück) sorgen schon dafür, daß der Mythos von der „Straße der harten Männer" weiterlebt und keiner auf die Idee kommt, man fahre aus reinem Vergnügen. Da es sich beim Alaska-Highway sozusagen um eine Einbahnstraße handelt, blieb auch uns nichts anderes übrig, als diesen Abschnitt der Traumstraße zweimal zu fahren, wobei man allerdings auf Seitenwege ausweichen kann.

Schon die riesigen Warnschilder, die sich fast bedrohlich aus den friedlich wogenden Getreidefeldern bei Edmonton in den kanadischen Prärien recken, dort, wo die Welt noch asphaltiert und zivilisiert ist, setzen die Straße ins rechte Licht. „Sie brauchen unbedingt unsere aufblasbaren Ersatzscheiben – nur noch 100

Meilen bis zum Alcan" – „Schützen Sie Ihren Benzintank gegen Steinschlag – nur noch 50 Meilen" – „Letzte Gelegenheit für Scheinwerfergläser, nur fünf Dollar". In den Restaurants und Tankstellen-Läden starrt der Reisende erschrocken auf Fotos vom Bau des Alcan. Halb im Schlamm versunkene Lastwagen sieht er da, wackelige Pontonbrücken über schäumenden Flüssen, blutsaugende Moskitos auf geschwollenen Arbeiterhänden – doch gleich daneben im Regal das zuverlässige Mückenspray in der großen Sparflasche, die aluminiumbedampfte Überlebensdecke, dehydrierter Notproviant und der faltbare Wildniskocher. Mit der Angst läßt sich so manches gute Geschäft machen.

Doch wie ist der Alcan wirklich? Auch wir lasen mit leichtem Schauder die Entfernungsangaben auf dem Obelisken in der Innenstadt von Dawson Creek, dem südlichsten Endpunkt der Alaska-Straße. Bis hierhin reicht die kanadische Zivilisation; die großen Städte Westkanadas, Edmonton, Calgary und Vancouver, sind auf gut ausgebauten Straßen schnell zu erreichen, das Land ist dicht besiedelt, überzogen von Äckern und Feldern, durch die sich im Herbst die Mähdrescher fressen. Hinter Dawson Creek aber beginnt der Wald, die Wildnis, die sich viele tausend Kilometer nach Norden erstreckt bis hinauf zum unwirtlichen arktischen Ozean und der Beringstraße, die Rußland von Alaska trennt. Auf der Straße allerdings ist diese nördliche Küste Amerikas noch nicht erreichbar, da bleibt nur das Flugzeug. Aber schon bis Zentralalaska ist es weit genug. „Fairbanks 1520 Meilen" (1 Meile = 1,7 km) heißt es da auf dem Wegweiser in Dawson Creek, eine für unsere europäischen Puppenstubendimensionen wahrhaft gewaltige Entfernung. „Nehmt genug Ersatzscheiben mit und vergeßt auch die Reifen nicht", riet uns die dralle Bedienung im deutschen Bierkeller, „der Alcan ist ein Killer." Wir begutachteten die Wagen, die von „oben" gekommen waren – schlammbe-

Hier in Dawson Creek endet die Zivilisation

spritzt, die Windschutzscheiben zersprungen, und nahmen lieber doch noch zwei Reifen an Bord, einen weiteren Benzinkanister und einige Konserven – nur so für alle Fälle, versteht sich. Zu guter Letzt zimmerten wir auf einem Picknickplatz aus Holzleisten, Klappscharnieren und Kaninchendraht noch ein Schutzgitter für die Frontscheiben.

140 Kilometer hinter Dawson Creek wird es ernst – noch zehn, fünf, drei, zwei Meter zählen wir; dann ein kleines Schild, fast schüchtern versteckt hinter Büschen: „Caution, Gravel" – „Vorsicht, Schotter". Die lange Piste nach Alaska beginnt: Schlaglöcher, Wellblech, Staub. Der Wagen schlägt hart auf, springt über

Gegenverkehr auf dem Alcan

Die kanadischen Campingplätze sind eine Oase der Erholung

Bodenwellen, wir werden durchgerüttelt, knallen immer wieder in Löcher, deren Tiefe wir durch die Schutzgitter vor unserer Nase unterschätzen. Wie von Furien gehetzt kommt der erste Lkw aus einer Kurve gedonnert, aus der Staubwolke glühen Scheinwerfer wie böse Augen. Verängstigt drücken wir uns an die Seite, die Fahrbahn bebt, aber der befürchtete Steinschauer bleibt aus. Mutiger geworden, schneiden wir Sehschlitze in die Gitter, träumen vom schwarzen Asphalt und sind überzeugt, Alaska nie zu erreichen.

Erschöpft und völlig eingestaubt suchen wir am Abend Zuflucht auf einer kleinen Lichtung, umgeben von der schweigenden dunklen Mauer des Waldes. Wir stehen auf einem Campingplatz, der mit einigen Feuerstellen, zwei gußeisernen Pumpen und, etwas abseits hinter Bäumen, einem kleinen roh gezimmerten Häuschen ausgestattet ist, dem nur das in Deutschland übliche

Herz in der Tür fehlt. Neben den gemauerten Grillöfen hat eine gute Fee gesägte Holzscheite gestapelt. Bis spät in die Nacht sitzen wir am flackernden Feuer, erzählen vom Tag und erwarten eigentlich den Wächter, der das Geld einsammelt. Aber wir bleiben allein. „Es ist viel billiger, einen kostenlosen Campingplatz einzurichten und zu unterhalten", erklärte uns später ein Ranger, „als die von Touristen verursachten Waldbrände zu löschen." Wer die fast suchthafte Neigung der Amerikaner und Kanadier zu Grill- und Lagerfeuern bemerkt hat, der wird auch die Warntafeln nicht mehr für übertrieben halten, die in ermüdender Regelmäßigkeit zu Vernunft und Vorsicht aufrufen. Einmal durchfuhren wir sogar ein Gebiet, in dem man nicht einmal im Auto rauchen durfte! Dennoch geht der Feuerschaden jedes Jahr in die Millionen. Auch Wachttürme, Wasserbomber und Fallschirmspringer können dann eine Katastrophe nicht immer verhindern.

Prasselnde Lagerfeuer sind für die Nordamerikaner unabdingbarer Bestandteil der Campingidee, ein Relikt aus der Pionierzeit wahrscheinlich, als vom Feuer noch das nackte Überleben abhing. So läßt sich immer das gleiche Ritual beobachten, wenn eine amerikanische Familie mit ihrem Wagen auf einer Lichtung zum Stehen kommt. Der erste Griff geht in die Kühlbox auf der Suche nach einer „can beer", die zweite Sorge gilt schon dem Feuer. Liegt kein Holz bereit, verstreuen sich die männlichen Familienmitglieder mit Axt und Säge bewaffnet im angrenzenden Wald. So ist es nicht verwunderlich, daß im weiten Umkreis eines Campingplatzes alle Bäume ihrer Äste beraubt sind, so weit der Arm eines Erwachsenen nach oben reicht. Richtig gelungen ist der Abend erst dann, wenn das tellergroße T-bone-Steak über der Glut zischt und man herausgefunden hat, daß die Coopers vom Nachbarwagen auch nur 28 000 Dollar im Jahr verdienen und ihr Wohnwagen

Die Warnung vor Waldbrandgefahr ist leider berechtigt

eine Nummer kleiner ist als der eigene. Sie reden sich mit Jack, Joe und Sue an, als kennten sie sich schon eine Ewigkeit. Am nächsten Morgen fahren sie dann in entgegengesetzter Richtung auf und davon, um sich nie wiederzusehen.

Anderntags versöhnten wir uns mit der „Straße der harten Männer" und schlossen Frieden mit Staub, Schlaglöchern und den fliegenden Steinen, die entgegenkommende Fahrzeuge aufwirbelten. Zeit wollten wir uns nun nehmen, viel Zeit, um die urwelthafte Landschaft zu erleben: weiße Bergrücken, die sich in den Wolken verlieren, ein bis zum Horizont reichendes Waldmeer, allenfalls durchschnitten von kiesgefüllten Tälern, durch die sich grünschäumende Flüsse ihren Weg bahnen. Die Einsamkeit fühlten wir fast körperlich, aber es lag keine Bedrohung darin, eher die

Urweltlandschaft Alaska

beglückende Gewißheit, daß es lohnendere Ziele gibt als überlaufene Badestrände, Großstadtgewimmel und lärmende Vergnügungsparks. Die Fahrt entlang der Alaska-Straße führt nicht ins Ungewisse. Alle 20, 30 oder auch 80 Meilen hat sich ein kleiner Ort mit Tankstelle, Restaurant und Motel in der Wildnis eingenistet. Die Siedlungen tragen Namen wie Tetlin Junction, Charlie Lake oder Destruction Bay. Mit Sehenswürdigkeiten können sie nicht aufwarten; es sind nüchterne, ungepflegte Karawansereien des Autozeitalters. Ihr Wert wird vom Umfang des Ersatzteillagers und dem Angebot des Supermarktes bestimmt. Die Pächter und Eigentümer der Wellblechhütten und Bretterbuden zählen jeden Abend ihre Dollars und träumen von Kalifornien oder Florida, wo sie den Winter verbringen werden, während der Schnee die Ortschaften und den Müll, der sie umgibt, gnädig zudeckt.

Aber es gibt auch Siedlungen, in denen seit dem Goldrausch vor ca. 90 Jahren menschliches Leben Wurzeln geschlagen hat, Whi-

Zwei Goldgräber stellen sich in Positur

tehorse etwa, Watson Lake oder das berühmte Dawson City, das, an dem Zusammenfluß von Yukon und Klondike gelegen, das Zentrum der Goldsuchenden war. Bald fuhren die ersten Raddampfer auf dem mächtigen Yukon und schafften Menschen und Material nach Dawson City, bis der Ort aus allen Nähten platzte.

Wie kein anderer hat Jack London, der einer von ihnen war, das Leben der „Männer von '98" beschrieben und damit unsterblich gemacht. Als die Funde nachließen und sich die Kunde von neuen Lagerstätten weiter nördlich in Alaska verbreitete, verstreuten sich die Abenteurer. Gold im Werte von 300 Millionen Dollar hatten sie den Minen am Klondike entrissen. Dawson City verfiel, Farbe blätterte von den Holzwänden, Grashalme suchten sich ihren Weg zwischen Bohlen, im Ufergestrüpp verrotteten die einst so stolzen Raddampfer. Erst in unseren Tagen ist der Traum vom gelben Metall am Yukon erneut erwacht. Seit die Börsen der Welt die Feinunze Gold zwanzigmal so hoch bewerten wie zu Zeiten des Goldrauschs, lohnt es sich wieder, den durchwühlten Boden nochmals durchzusieben und nach neuen Stellen zu suchen. Kein Wunder, daß auch uns das Goldfieber packte. Wie oft haben wir an einem vielversprechenden Fluß gehalten und stundenlang im eiskalten Schmelzwasser mit kreisender Goldpfanne den Sand gewaschen, bis uns Hände und Füße abstarben und der Rücken schmerzte. Gold fanden wir nicht, aber deshalb, so trösteten wir uns, waren wir ja auch nicht in den Norden gefahren. Viel mehr interessierten uns die Relikte aus jener aufregenden Zeit, als Gold die einzige Währung hier oben war und dafür buchstäblich ganze Berge versetzt wurden. Vor allem die Goldbagger hatten es uns angetan. Wie ungeschlachte Fabelwesen lagen sie inmitten künstlicher Seen, deren Wasser man durch Pipelines oftmals von weit her geholt hatte. Mit Schaufeln und Förderbändern fraßen sich die Schwimmbagger einst durch die Landschaft; gierig wühlten sie das Erdreich auf, ließen es durch Siebe und Schüttelroste fließen, wuschen das Gold aus und stießen das taube Gestein als wurstförmige Geröllhalde hinten wieder aus. In ihrem eigenen See wanderten die Bagger so durch die Wälder und verwüsteten weite Gebiete. Erst heute beginnt die Vegetation wieder zaghaft Fuß zu fassen.

Ein kleines Ruderboot schaukelte verführerisch am Seeufer; ein paar Paddelschläge und wir wären an Bord eines alten längst stillgelegten Goldbaggers. Ein großes Schild verbat sich zwar jedes unbefugte Betreten, aber wir hatten schon zwei Tage keine Menschenseele mehr gesehen – wer sollte uns hindern! Der Kommandostand sah aus wie eben erst verlassen; eine zerfledderte Betriebsanleitung verriet, daß sich wohl jemand mit den Möglichkeiten zur Wiederinbetriebnahme beschäftigt hatte. Aber die Förderbänder hingen traurig in Fetzen, der Dampfkessel wies faustgroße Löcher auf, überall schien die Sonne durch Ritzen und Spalten. „Hier also wurde das Gestein gesiebt", überlegten wir laut, „hier verließ es den Bagger wieder, und in diesem Bottich wurden wohl Goldstaub und Nuggets gesammelt – ob da nie etwas danebengefallen ist?" Und schon stocherten wir mit Taschenmessern in den Ritzen der Holzdielen und füllten die Erde in eine

Ganz kalt läßt uns das Goldfieber doch nicht

Plastiktüte. Mit zitternden Händen wuschen wir den Dreck dann nach unserer Rückkehr. Wir hatten richtig kombiniert – unser „Claim" war fündig! Ein Vermögen kratzten wir nicht zusammen, aber nach einigen Ausflügen zum Bagger hatten wir doch ein Filmdöschen mit feinem Goldstaub fast gefüllt. Nicht weit hinter Dawson City überquert der Alaska-Highway die Grenze zwischen Kanada und dem amerikanischen Bundesstaat Alaska. Unmittelbar hinter der Zollschranke beginnt wieder der Asphalt. Die Begeisterung aber, die uns noch Tausende von Meilen zuvor bei dem Anblick des glatten, schwarzen Belages erfaßt hatte, sie blieb aus. Zügig rollten wir auf der Teerstraße in Richtung Fairbanks, diesmal von den staubigen Pisten durch die unendlichen Wälder Nordkanadas träumend.

Im Zauber Alaskas

Fairbanks und Anchorage – wie Butter zergehen einem die Namen der beiden große Städte Alaskas auf der Zunge und haben schon zu Hause unser Fernweh beflügelt. Doch leider halten sie nicht das, was sie versprechen. Die beiden Städte sehen nicht viel anders aus als unzählige andere auch in den „lower 48", den „unteren 48", wie die Bewohner Alaskas respektlos die übrigen, viel weiter südlich liegenden Staaten der USA bezeichnen: weiße, aus Holz erbaute Einfamilienhäuser in den Außenbezirken, Hochhäuser im Zentrum, unzählige Reklameschilder, über den Straßen ein Gewirr von Telefon- und Stromleitungen. Aber vor den Städten herrscht noch die Natur, großartig, allgegenwärtig und manchmal auch grausam. Mitten durch Alaska verläuft nämlich die zirkumpazifische Bruchzone, eine Reibungsfläche, an der zwei Schollen der Erdkruste aufeinanderstoßen. Ab und zu entladen sich die Spannungen in verheerenden Erdbeben. Als 1964 zum letzten Mal die Erde im hohen Norden zitterte, starben über 100 Menschen in den Trümmern ihrer Häuser. Heute sind die zerborstenen Ruinen Sehenswürdigkeiten und Mahnmale, so etwa der „Erdbebenpark" in Anchorage oder der alte Stadtkern der Hafenstadt Valdez. Hier fanden am Karfreitag 1964 33 Menschen den Tod, als eine durch das Beben ausgelöste Flutwelle in den schmalen Fjord drang und den Ort verwüstete.

Sechs Kilometer entfernt ist ein neues Valdez entstanden, das aber kaum den Beinamen „Schweiz Alaskas" verdient, den die Bewohner dem Ort gern verleihen. Der eisfreie Hafen wurde zum Endpunkt der vieldiskutierten Alaska-Pipeline ausgebaut. Die 1200 Kilometer lange Rohrleitung transportiert das „schwarze Gold" von den Erdölfeldern an der unwirtlichen Nordküste Alaskas durch das ganze Land bis zur Südküste, wo es die Tanker an Bord nehmen. Wir kamen, als der Hafen von Valdez noch im Bau war und der Ort einer Westernstadt glich. Unzählige Bars gab es, Kinos und einen „Rotlichtbezirk", aber keine Straßen, die diesen Namen verdient hätten. Die überschweren Lastwagen mit ihren 20 Meter langen Rohrsegmenten hatten die Wege zu einem Sturzacker umgepflügt und knietiefe Pfützen hinterlassen. Ein Hamburger kostete fünf Dollar, und für ein Glas Cola mußte man einen „buck" (1 Dollar) auf die Theke legen. Die Arbeiter lebten in Wohnanhängern, die sich wie ein Nomadenlager um die Stadt legten. Die Männer fluchten auf die 70-Stunden-Woche, die Kälte, die hohen Preise und die Einsamkeit, aber wie schon zu Zeiten des Goldrausches waren alle freiwillig gekommen – nur diesmal „machten" sie alle wirklich viel Geld.

Wir trafen in Alaska aber auch die anderen, die nicht der Mammon in den Norden gelockt hatte. Im Gegenteil, sie haben der Zivilisation bewußt den Rücken gekehrt, waren „ausgestiegen" und in der Wildnis untergetaucht. Mit unübersehbaren Schildern lassen sie jedermann wissen, was sie von der Menschheit halten. „Keep out" und „Eindringlinge werden angezeigt". In McCarthy besuchen wir solche Einsiedler. Der Ort, ganze sechs Seelen groß, liegt etwa auf halbem Weg zwischen Valdez und Anchorage, etliche Kilometer abseits der Hauptstraße. Vor fünfzig Jahren, als die nahe Kupfermine noch in Betrieb war, zählte der Ort 1500 Einwohner, heute ist er eine Geisterstadt des Industriezeitalters und Opfer der internationalen Rohstoffmärkte. „Wie lebt es sich denn hier so am Rande der Welt", fragten wir einen alten Mann, der gerade Tellereisen abschmirgelte und einölte.

„Well, gar nicht so schlecht, aber ich freue mich auf den Winter, dann kann ich in Ruhe Wölfe jagen, und es kommen nicht so viele Touristen." Groß kann der Andrang von Besuchern allerdings nicht sein; drei Tage verbrachten wir in McCarthy und sahen keinen einzigen. Auf dem Bahnhof ohne Gleise verfaulten hölzerne Eisenbahnwaggons mit verzierten Messinggriffen und geschmiedeten Gittern an offenen Plattformen, auf einem Schrottplatz verrosteten Oldtimer aus den Kindertagen des Automobils, durch eiserne Speichen musealer Baumaschinen rankte sich Unkraut, und auf der windschiefen Fassade des „general store" verrieten blasse Buchstaben, daß man hinter den blinden Scheiben einmal Fleisch und Nägel kaufen konnte. Heute fährt man zweimal im Jahr in die Stadt zum Supermarkt – einmal vor und einmal nach dem langen dunklen Winter, der den Weg nach draußen regelmäßig abschneidet. Aber auch im Sommer findet man kaum zufällig den Weg nach McCarthy. Eine richtige Straße gibt es nicht. Im Takt der Schwellen holpert das Auto über die alte Trasse der Erzbahn. Und dann kommt die große Brücke, die mit ihrem Geflecht aus Holz und Stahl wie ein schwankendes Spin-

Auf dem Bahnhof von McCarthy verfaulen die Eisenbahnwaggons

Die Eisenbahnbrücke hängt wie ein schwankendes Spinnennetz über dem Copper Creek

nennetz über dem Copper Creek hängt. So mancher mag sich den Ausflug nach McCarthy hier noch einmal überlegt haben, denn es ist nicht jedermanns Sache, sich auf zwei schmalen Planken über eine geländerlose Eisenbahnbrücke zu tasten, die keinen Platz zum Aussteigen bietet, dafür aber einen ungehinderten Blick durch die Schwellen auf den schäumenden Fluß gut hundert Meter tiefer. Zu Fuß hätten wir uns nicht über diese Brücke getraut.

Das Auto ist auch aus dem hohen Norden nicht mehr fortzudenken, aber es spielt keineswegs die führende Rolle. Im Winter muß es dem Motorschlitten Platz machen, und für viele Orte bedeutet das Sportflugzeug die einzige Möglichkeit, mit der Außenwelt Verbindung aufzunehmen. Die kleinen Pipers und Cessnas, mit Rädern, Schwimmern oder Schneekufen ausgerüstet, werden mit der Wildnis am besten fertig. Sie landen ebenso gern auf dem internationalen Flughafen von Anchorage wie auf einer frisch gemähten Wiese, einem kleinen See oder einer abgelegenen Straße. Das Verkehrsschild „Flugzeuge haben Vorfahrt" erinnert daran, daß man mit den kleinen Maschinen überall rechnen muß. So waren wir auch nur wenig überrascht, als die Scheiben der winzigen Bar am Taylor Highway, einer Piste, die direkt von Dawson City nach Alaska führt, schepperten und zitterten und eine Tragflächenspitze mit grünem Positionslicht dicht am Fenster vorüberglitt. Der Pilot, ein milchgesichtiger Farmer in Jeans und Cowboystiefeln, dem wir kaum den Führerschein für ein Auto zugetraut hätten, war „nur mal eben" von seiner Ranch auf ein Bier herübergeflogen. Wie er denn das Restaurant in der Dämmerung gefunden habe, wollten wir neugierig wissen. Ganz einfach, er habe Bill, dem Barkeeper, über Funk einen „call" gegeben, und der habe dann die Coca-Cola-Leuchtreklame angeschaltet – als einzige Lichtquelle im Umkreis von 25 Meilen sei sie überhaupt nicht zu verfehlen.

Fliegen mag in Alaska alltäglicher sein als sonst in der Welt, doch gewiß nicht ungefährlicher. Fast täglich hörten wir über die Ortssender Suchmeldungen. Nun muß dahinter nicht immer ein Absturz stehen. Häufig haben sich die Maschinen nur in der Wildnis verkrochen, um sich von einer Schlechtwetterfront am sicheren Boden überrollen zu lassen. Funkgerät, Gewehr und Proviant gehören daher für den Buschpiloten ebenso zur Grundausrüstung wie Karte, Kompaß und Höhenmesser.

Den Hauptanziehungspunkt Alaskas, des größten amerikanischen Bundesstaates, bildet das 6781 Meter hohe eisgepanzerte Massiv des Mount McKinley. Noch vor wenigen Jahren war der Nationalpark um den höchsten nordamerikanischen Berg nur mit dem Flugzeug oder der Eisenbahn erreichbar. Heute führt die Straße, die Anchorage und Fairbanks – die beiden größten Städte Alaskas – miteinander verbindet, mitten durch diese urtümliche Gebirgswelt. Daß Alaska zumindest im Sommer nicht abseits der Touristenrouten liegt, zeigt sich auch daran, daß wir nicht mit unserem eigenen Wagen den Park befahren durften. Wir mußten uns dem kostenlosen „shuttle bus" anvertrauen, der an jedem beliebigen Punkt Fahrgäste ein- oder aussteigen läßt. Eine Woche sind wir gewandert und haben vergeblich gewartet: der Blick auf den Gipfel blieb uns verwehrt. Doch dann, kurz vor Fairbanks, sahen wir ihn an einem der seltenen klaren Abende in gut 200 Kilometer Entfernung aus dem Dunst der Ebene steigen, die Gletscher in das leuchtende Rot der untergehenden Sonne getaucht, die Täler schon im Schatten der Nacht – wir waren überwältigt. Aber welches Spektakel sollte uns erst in der Nacht erwarten! In einer alten Teertonne hatten wir ein loderndes Feuer gegen die Kälte entfacht und starrten gedankenverloren in den funkelnden Sternenhimmel. Zunächst schenkten wir dem hellen Streifen über uns keine Beachtung – vermutlich ein hohes

Wolkenband, auf dem noch die Strahlen der längst versunkenen Sonne lagen. Doch in einer lautlosen Explosion verwandelte es sich plötzlich in einen gleißenden Kometenschweif, der sich windend wie eine Schlange über den Nachthimmel schoß. Dann taumelten leuchtend rote und grüne Schleier herab, verharrten reglos, um unvermittelt mit rasender Geschwindigkeit über den Horizont zu schleudern. Neue, zartfiedrige Vorhänge entstanden aus dem Nichts, wölbten und blähten sich wie in einem sanften Wind, tanzten gespenstisch geräuschlos auf und nieder. Die halbe Nacht starrten wir gebannt auf das außerirdische Feuerwerk des Nordlichts, kniffen uns in den Arm und waren gar nicht so sicher, ob wir nicht doch in eine psychedelische Traumwelt getaucht waren.

„Warst Du je da draußen im großen Allein,
Mit dem Monde so schrecklich klar?
Und die eisigen Berge umklammerten Dich
So schweigsam, Du hörst es sogar!
Während hoch über Dir droht – grün, gelb und rot
Das Nordlicht – verweht in die Ferne,
Dann geht Dir auf, was das Leben heißt:
Hunger und Nacht und die Sterne."

Wir verstanden, warum der populäre kanadische Poet Robert Service, der vom Goldrausch in den Norden geschwemmt worden war, sein Herz an die Weite der kanadischen Wälder verloren hatte und sie in seinen Balladen immer wieder besang.

Vier Wochen waren wir kreuz und quer durch Alaska gefahren, hatten den Bogen geschlagen von der Großstadt Anchorage über den Ölhafen Valdez bis hinauf nach Fairbanks und von dort auf der Stichstraße weiter nach Circle. Es war ein verregneter Augusttag, als wir die wenigen Blockhäuser von Circle City verließen. Wir notierten den Stand des Tachometers und schlossen Wetten darüber ab, wie der Stand wohl am Ende der Reise sein würde, am anderen Ende der Panamericana tief unten im Süden Südamerikas. Obwohl wir nun schon fast sechs Monate unterwegs waren und viele tausend Kilometer seit Verlassen des New Yorker Hafens zurückgelegt hatten, überkam uns erneut die Euphorie des Aufbruchs, als Circle City, der nördlichste Punkt der „Traumstraße", hinter der Biegung verschwand.

Bärenhunger

Um nicht erneut den gleichen Weg nehmen zu müssen, den wir bereits von Kanada nach Alaska gekommen waren, wichen wir bei der Rückfahrt vom Alaska Highway ab und befuhren einsame Nebenstraßen. „No gas for the next 235 miles", „kein Benzin auf den nächsten 350 Kilometern", heißt es lapidar auf einer Warntafel zu Beginn des Campell-Highways, einer Parallelpiste zum Alcan. Aber dafür erlebt man die nordische Wildnis hier noch intensiver als auf dem doch recht häufig befahrenen Alcan; wie intensiv, das sollten wir eines Abends nur zu deutlich zu spüren bekommen. Müde löffelten wir unsere Erbsensuppe, der Wind blies warm, und trotz der lästigen Mücken hatten wir die Türen geöffnet. Plötzlich verdunkelte sich der Raum, und wir blickten erstarrt geradewegs in das Gesicht eines Schwarzbären. Lautlos war er herangeschlichen und hatte uns gar nicht wahrgenommen, wohl damit beschäftigt, die verlockenden Düfte unserer Küche zu analysieren. Zum Glück war er genauso erschrocken wie wir, aber er ließ es sich nicht nehmen, mit einem Tatzenhieb schnell noch unser Abendessen vom Tisch zu wischen, ehe er mit ein paar

Durch unberührte Wildnis geht es den Campell-Highway auf und ab

Sätzen im Unterholz verschwand. Aber wir hatten ohnehin keinen Hunger mehr. Daß Begegnungen mit Meister Petz nicht immer so glimpflich ablaufen, hatten drei junge Schweizer erfahren müssen. Ein Schwarzbär hatte die Aluminiumtür ihres Campingwagens wie eine Sardinenbüchse aufgerollt. Zum Führerhaus gab es keinen Durchgang. Weder Schreien noch lautes Scheppern mit Töpfen und Pfannen konnte ihn verscheuchen. In höchster Not besannen sich die Eingeschlossenen des beißenden Mückensprays – ein gezielter Spritzer, und der Bär mußte sich augenwischend und laut brummend geschlagen geben. Vielleicht war er besonders ausgehungert, oder aber die „Schweizer Küche" hatte soviel besser gerochen als unser Junggeselleneintopf.

Viele Bären haben sich inzwischen an den Menschen gewöhnt und suchen bewußt seine Nähe. Sie plündern die Mülltonnen auf Rastplätzen, stehen wie Tramper am Straßenrand und erwarten Touristenautos oder besuchen sogar Campingplätze, wie wir es selbst erlebt haben:

Als wir nach einem „Gelage" mit geräuchertem Lachs, kalifornischem Rotwein und gepfefferten Goldgräbergeschichten, die alle unter dem Schwur absoluter Wahrheit die Runde gemacht hatten, todmüde in unsere Schlafsäcke gekrochen waren, nahm ein Bär die Gelegenheit wahr, sich genüßlich und in aller Ruhe über die Reste herzumachen. Wir trauten unseren Augen nicht, als wir durch das Autofenster blickten. Wie ein kräftiger Mensch in zottigem Kostüm saß da – keine zwei Meter entfernt – ein ausgewachsener Schwarzbär in mondheller Nacht auf der Bank, beide Tatzen auf den Tisch gestemmt und ließ sich nicht nur den Lachs, sondern auch Schokolade, Brot und Butter gut schmecken. Am nächsten Tag brach das Jagdfieber aus. Einige wollten sogleich ihre Flinten laden, Tierfreunde protestierten und stimmten für Einfangen, Ängstliche beluden ihre Autos und fuhren ab. Allein den Bären störte dieser Aufruhr der Meinungen nicht. Er spazierte seelenruhig über den Platz, als sei er hier zu Hause. Am Abend brachte die alarmierte Forstverwaltung eine fahrbare Bärenfalle in Position, einen mannshohen Käfig mit schwerer Falltür. Ein Brocken geräucherter Lachs, Lieblingsspeise aller Bären, diente als Köder. So manch einer schlug sich die Nacht um die Ohren, um das Spektakel des Einfangens mitzuerleben. Aber der Bär muß den Braten wohl gerochen haben; er ward nicht mehr gesehen.

Kurz vor Watson Lake berührten wir noch einmal für einige Meilen den Alcan, ehe wir auf Holzfällerwegen in die Einsamkeit der kanadischen Wälder tauchten und als nächstes Ziel Prince Rupert, einen Hafenort am Pazifik, ansteuerten. Als wir bei

Am berühmten „Mile Post" bei Watson Lake nehmen wir Abschied vom hohen Norden

Watson Lake unser vorderes Auto-Kennzeichen an dem berühmten „Mile Post“ befestigten, bedeutete dies so etwas wie ein Abschied vom hohen Norden und vom ersten Abschnitt der Panamericana. Hunderte von Touristen und Reisenden haben sich an dem Schilderwald verewigt, seit ein heimwehkranker Straßenbauer 1942 den ersten Hinweis auf seine so weit entfernt liegende Heimatstadt in Texas an einen Pfosten nagelte. Obwohl wir von hier aus noch einige hundert Kilometer durch die Wildnis zurücklegen mußten, hatten wir den größten Teil der berüchtigten Alaska-Straße ohne größere Schwierigkeiten bezwungen – als „harte Männer“ fühlten wir uns allerdings trotzdem nicht. Eines aber war uns damals schon klar: dieser erste Abschnitt der „Traumstraße“, diese Woche im hohen Norden Amerikas, würde uns nicht nur unauslöschlich in Erinnerung bleiben, er würde sicherlich auch zu den Höhepunkten der langen Reise durch Nord-, Mittel- und Südamerika zählen.

Mit dem Camper durch den Wilden Westen

„Patagonien – wird dort nicht Rauschgift angebaut?“ fragte uns der Zöllner an der amerikanischen Grenze ganz unverblümt.

„Dafür ist es wohl zu kalt dort unten“, entgegneten wir grinsend, „entfernt vergleichbar mit Alaska“.

Der Beamte schien beruhigt und suchte nur noch oberflächlich weiter. „Ihr müßt wissen“, fügte er etwas verlegen hinzu, „Drogen sind unser größtes Problem, und die kanadischen Kollegen haben uns den Wagen bereits als verdächtiges Fahrzeug gemeldet.“

Wieder einmal konnte man mit unserer Aufschrift nichts anfangen. Viele Amerikaner irritierte der Hinweis „Alaska-Patagonia" auf unserem Wagenheck.

„Sie wollen nach Patagonia?" wollte ein weißhaariger Alter in einem fast ebenso betagten klapprigen Ford wissen. „Besuchen Sie mich doch mal, ich wohne da."

„Sagen Sie", fragten wir gleich zurück, „kann man dort auch im Juli fahren, oder liegt dann zuviel Schnee?"

„Schnee?" Der Mann starrte uns mit offenem Mund an, „im Juli haben wir 40 Grad Hitze in Arizona. Was habt ihr Europäer nur für krause Vorstellungen über unsere Geographie!?"

Und in der Tat hatten wir noch nie von einem 1000-Seelen-Ort gleichen Namens nahe der mexikanischen Grenze gehört. Andere, die Patagonien wer-weiß-wo vermuteten, fanden nichts Aufregendes an unserem Reiseziel. „Aber der Sohn unseres Nachbarn will im Sommer von San Francisco nach New York fahren, von Küste zu Küste, über 3000 Meilen. Das sind Entfernungen, was?"

Wenn uns die Menschen manchmal merkwürdig scheu anschauten und leise tuschelten, wußten wir, daß unsere für Spanisch sprechende Länder gedachte Aufschrift „Alemania" wieder einmal mit „Armenien" verwechselt worden war und man uns folgerichtig für Russen hielt. Man stelle sich vor: Erzkommunisten aus dem Ostblock im „Land der Freien"! Wir machten uns dann den Spaß und brüllten mit lauter Stimme „Nasdrowie" oder „Nitschewoi" – niemand wagte uns anzusprechen. Aber wie könnte man den Amerikanern ihre Unkenntnis verübeln; ihr Land ist ein halber Kontinent, den kennenzulernen sie ein ganzes Leben benötigen, und manch einer kommt über seinen Bundesstaat nie hinaus.

Trotz des bei uns oft geschmähten „american way of life" bleiben die USA für uns Europäer ein Traumziel. Wohl nirgendwo auf der weiten Welt, schon gar nicht weiter südlich, läßt es sich einfacher und problemloser reisen. Hier kann jeder Fremde leichten Herzens und ohne Ängste oder Zwänge in einem riesigen Land auf Entdeckungsreise gehen. Er braucht auch nicht zu befürchten, als Ausgeflippter oder Millionär angesehen zu werden, was Touristen vor allem in Ländern der Dritten Welt so oft beklagen. Der Schlüssel zum Erleben der USA heißt „motorhome“ oder „camper“, der Wohnsitz auf Rädern, der erst so richtig die Weite Nordamerikas vermittelt. Immer neue Lieder im Country-Western-Stil versuchen, diesem beglückenden Gefühl Ausdruck zu verleihen: „Back on the road again“ – mal wieder unterwegs sein. Aber auch außerhalb der Ferien- und Urlaubszeit bewegt man sich nur per Auto. So vollkommen ist es in die Gesellschaft integriert, daß sich Fußgänger unweigerlich verdächtig machen oder aber sogleich Hilfe angeboten bekommen: ein sich zu Fuß fortbewegender Mensch führt entweder Übles im Schilde – oder sein Auto ist liegengeblieben. So jedenfalls sehen sich die Amerikaner selbst. Dieser totalen Motorisierung haben sich die weitläufigen Einkaufszentren angepaßt, die an den Ausfallstraßen der Städte alles zum Leben und Reisen Notwendige unter einem Dach anbieten. Man kann tanken, Würstchen essen, telefonieren und Wäsche waschen, einer Sekte beitreten, sich einen Kinofilm ansehen oder Geld abheben. „Drive in“ heißt die Parole der Autogesellschaft. Kein Wunder, daß auch wir uns verführen ließen und nicht selten auf die Besichtigung der Innenstädte verzichteten, die uns außerdem zu oft mit ihrer tristen Einförmigkeit enttäuscht hatten.

Nein, es sind ganz gewiß nicht die Städte, die Nordamerika zum unvergeßlichen Reiseland machen, sondern die Landschaften. Ob man Dünen oder Hochgebirge, Wüsten oder Regenwälder, Gletscher oder Vulkane sucht – irgendwo auf der fast zehn Millionen

Quadratkilometern ist eine dieser Landschaftsformen vertreten. Was uns dabei immer wieder erstaunte und zugleich fesselte: Trotz hochtechnisierter Zivilisation ist noch so viel Raum geblieben für unberührte Natur, und oft reicht die Wildnis bis hart an die vielspurigen Freeways, die dichtbefahrenen Autobahnen, heran. Wer nicht aufpaßt, kann auch heute noch von einem Bären gefressen werden, sich in den schier endlosen Wäldern verlaufen oder in der Wüste verdursten. Das Geschenk der Natur haben die Amerikaner schon vor der allgemeinen Industrialisierung im vorigen Jahrhundert erkannt und durch Schaffung von Nationalparks der Allgemeinheit bewahrt und zugänglich gemacht.

Jeder dieser Parks hat ein Empfangsgebäude, wo wir uns bei Diavortrag und Diorama einstimmen ließen auf das, was uns erwartete. Ein Ranger – Förster, Polizist und „Mädchen für alles" in einer Person – gab noch gute Tips, dann wurden wir in die Wildnis entlassen, in ein Stück geschützter Natur von oft gewaltigem Ausmaß. „Yellowstone-Park", die Wunderwelt der tanzenden Geysire, der heißen Quellen und röhrenden Fumarolen (Dampflöcher), mißt über 7000 Quadratkilometer. Wir hatten Glück, denn Labour-Day, der amerikanische „Tag der Arbeit", der den Schlußpunkt hinter die allgemeine Ferienzeit setzt, lag schon einige Tage zurück, wir hatten den Park fast für uns. Die Nacht hatte Eisblumen an die Camper-Scheiben gezaubert, und der frühe Morgen sah zwei verfrorene, steife Gestalten aus den viel zu leichten Schlafsäcken kriechen. Das natürliche heiße Bad dampfte keine zwanzig Schritte weit entfernt, aber der große Zeh zuckte bei dem ersten Versuch halb verbrüht zurück. Die Erlösung kam dann aber doch noch – wir legten uns auf die Planken über einen See mit kochendem Wasser, wo uns eine dichte, wohlig-warme Wolke einhüllte und unsere Lebensgeister weckte. Wir hätten Stunden dort liegen können, aber der Morgenkaffee lockte.

Old Faithfull, der „alte Zuverlässige", bekanntester der rund 200 großen Geysire, schießt 60 Meter in den Himmel hinauf – nicht pausenlos, aber so regelmäßig, daß man nach seinen Eruptionen angeblich die Uhr stellen kann. Gespannt warteten wir, und tatsächlich pünktlich erhob sich Old Faithfull aus seinem See. Doch in zwei bis drei Metern Höhe hatte er wohl die Lage durchschaut, für eine Handvoll Besucher und für einen gähnend leeren Parkplatz, der sonst gut und gerne 3000 Autos aufnimmt, lohnte sich die Mühe nicht, und ermattet fiel er in sich zusammen.

Das „Heiligtum" amerikanischer Nationalparks, der „Grand Canyon", genießt auf einer Länge von mehr als 70 Kilometer Naturschutz. Natürlich zog es auch uns dorthin, wo der Wilde Westen seinem Namen – zumindest landschaftlich – alle Ehre macht. Es war Anfang Juni, als wir die Interstate 66 verließen und auf die kurvenreiche 180 abbogen, die von Flagstaff zum Nationalpark führt. Grand Canyon kündigt sich nicht etwa schon von weitem durch ein großartiges Panorama an. Auch als wir voller Erwartung unseren Wagen am Grand Viewpoint – am großen Aussichtspunkt – verließen, deutete nichts auf das vielbesungene Naturwunder, die vielen Touristen mit den Kameras vor den Bäuchen einmal ausgenommen. Nein, wir werden wie mit einem Paukenschlag überrascht. Ganz unverhofft stehen wir plötzlich an der Kante und blicken hinab in die gewaltigste Schlucht der Erde. Der Atem stockt, als sich ein Gebirge in der Tiefe auftut, ein Chaos aus Tafelbergen und Gesteinsschichten, von den Kräften der Erosion zerfurcht. Weit unten das schmale Silberband des Colorado, der sich in Jahrmillionen unermüdlich in die Formationen eingesägt hat und dem das ganze Spektakel überhaupt zu verdanken ist. Aber um die Ausmaße dieser Urlandschaft richtig zu erfassen, genügt es nicht, immer wieder staunend in die Tiefe zu blicken und das im Tagesverlauf wechselnde Spiel von Schatten,

Licht und Farben zu bewundern – man muß hinabgestiegen sein.

Noch vor Sonnenaufgang hatten wir uns auf den Weg gemacht, gut ausgerüstet mit Wasserflasche, bequemen Schuhen und Sonnenhut. Campingplatz und Hotel in der Schlucht waren auf Wochen ausgebucht. Da wildes Zelten unter Strafe stand, mußten wir den Ausflug wohl oder übel an einem Tag bewältigen. Dicht an die senkrechte Wand geschmiegt windet sich der „Bright Angel Trail" in die Tiefe. Der Abstieg erschien uns so recht als Spaziergang in frischer Morgenluft, und wir belächelten die Warntafeln, die den Wanderer vor Überanstrengung bewahren wollen. Rasch hatten wir den Fluß erreicht, und während wir uns am Ufer erfrischten, konnten wir die wild hüpfenden Gummiflöße beobachten, die mit „todesmutigen" Touristen beladen den Fluß herabgeschossen kamen. Gelächter und spitze Angstschreie hallten zwischen den Felswänden, wenn die Stromschnellen über den Flößen zusammenzuschlagen drohten und einige Boote bedenklich Schlagseite annahmen.

Erst am Nachmittag machten wir uns auf den Rückweg: Wie ein Höllenfeuer glühen die Schotterflächen unter der stechenden Sonne, niemand könnte hier barfuß gehen. Seinen Namen „Ofen" wird dieser Abschnitt am Fluß wirklich nur zu gerecht – allein Klapperschlangen mögen sich hier wohlfühlen. Die Luft flimmert und wabert, wir werden immer einsilbiger, nur noch mechanisch bewegen sich die Füße. Die Steilwand, die es im Endspurt zu erklimmen gilt, liegt schon lange zum Greifen nahe, will aber einfach nicht näher kommen. In der kleinen Oase „Indian Gardens" legen wir kurze Rast ein und lassen kaltes Wasser über die brennenden Blasen an den Zehen laufen. Gequält grinsen wir uns an: Das Schlimmste liegt noch vor uns, der steile Aufstieg zur 1500 Meter höher liegenden Kante, wo die Zivilisation mit erfrischenden Duschen und köstlichem Bier wartet. Die

Knie schmerzen, die Nase glüht vom Sonnenbrand, der Kopf dröhnt. Den anderen, die mit uns unterwegs sind, geht es kaum besser.

„Hey man, kannst du mir nicht deine alten Schuhe geben?" Ein verschwitzter Tourist hält uns seine brandneuen Wanderstiefel zum Tausch entgegen. Ein anderer hat sich in der Verzweiflung Spitzen und Hacken abgeschnitten, um den geschwollenen Füßen Platz zu verschaffen. Nun ja, der „Bright Angel Trail" ist kaum ein geeignetes Testgelände für uneingelaufene Bergstiefel. Längst ist uns der Blick für die Schönheit der von Wind und Wasser geformten Sandsteinwände verlorengegangen, und erst im letzten Abendlicht erreichen wir unter Wadenkrämpfen wieder unseren Wagen. Jedes einzelne der zwei Milliarden Jahre Erdgeschichte, die wir vom Präkambrium zum Mesozoikum durchwandert haben, glauben wir noch nach Tagen in den Knochen zu spüren.

Die Zauberwelt des Bryce Canyon

Im „Zion Park“ etwas weiter nördlich kann man seine Kräfte schonen und die Canyonlandschaft aus der Tiefe genießen. Die Straße windet sich durch rot leuchtende Schluchten, in die nur zur Mittagszeit die Strahlen der Sonne dringen. Ganz anders wiederum „Bryce Canyon“, wo die Erosion eine Wunderwelt aus spitzen Sandsteinpfeilern geschaffen hat, ein bizarrer Stalagmitenwald, der langsam in die Ebene absinkt. „Der letzte Platz, wo ich eine Kuh verlieren möchte“, charakterisierte ihn sein Entdekker, der Mormone Ebenezer Bryce, ein praktisch orientierter Mann.

Himmel und Hölle auf amerikanisch

Von den steinernen, stummen Zeugen der Erdgeschichte in den Canyon-Parks ist es nur ein Katzensprung in die pulsierende, laute Welt von heute. Wie ein gigantischer, neonbeleuchteter Spieltisch liegt Las Vegas inmitten der Wüste. Die Stadt wird beherrscht von den „einarmigen Banditen“, jenen Spielautomaten, die mit einem langen Handgriff in Betrieb gesetzt werden – daher der Name – und die an jeder freien Wand kleben; selbst vor dem stillen Örtchen schrecken sie nicht zurück. Wie fast alles in Amerika, ist auch Las Vegas für jedermann da, kein Baden-Baden oder Monte Carlo mit gepflegter, distinguierter Atmosphäre, mit schwarzem Frack und langem Abendkleid. Nein, die Vergnügungsindustrie der USA hängt sich nicht scheinheilig das Mäntelchen der Exklusivität um, sondern lacht jeden an: „Mach mit, it's fun!“ Die Verführung zum Glückspiel zieht alle Register: Essen und Trinken sind fast umsonst, die Hotels spottbillig trotz höchstem Komfort. Und damit den Besuchern auch nachhaltig das

Las Vegas, eine Stadt ohne Zeitbegriff

Gefühl für Raum und Zeit verlorengeht, hat man in der ganzen Stadt die Uhren und Fenster abgeschafft. Ob Licht, Luft oder Temperatur: alles ist künstlich und manipuliert und verfolgt nur ein Ziel: das totale Spiel bei Tag und bei Nacht.

Wer sich nicht allzu dumm anstellt, kann auch noch so manchen freien Whisky auf das Wohl des Hauses trinken. Wir hatten nämlich bald herausgefunden, daß in einigen Spielsalons die aktiven Spieler mit Gratisgetränken bei Laune gehalten werden. So stellten auch wir uns an einen der „einarmigen Banditen", der bei drei Äpfeln auf den rotierenden Scheiben seinen prallen, durchsichtigen Geldbauch – den Jackpot – erbricht. Beim Nahen der Bedienung packte jeder einen Handgriff, und wenn dann das blonde Serviermädchen mit honigsüßer Stimme wissen wollte, ob es denn Bourbon, Gin oder Wodka sein dürfe, hatten wir gewonnen. Wir konnten den Griff loslassen und das gezückte Geld wieder in die Tasche stecken; schließlich brauchten wir unsere Moneten noch und wollten unsere Reise nicht schon hier beenden.

Eine korpulente ältere Frau mit gebleichtem Haar und prallen rosa Hosen neben uns, die seit gut einer halben Stunde ganze Dollarstücke „verfüttert" hatte, bekam plötzlich einen hysterischen Anfall: Rotlicht zuckte, schrille Sirenen heulten, und unter Gehämmer spuckte der Automat aus, was wohl im Laufe eines Vormittags in ihn hineingesteckt worden war. Auf dieses Signal stockte die verbissene Spielwut im Saal für einen Moment. Jeder reckte den Hals. „Wieder einer, der den Jackpot geknackt hat – vielleicht bin ich der nächste."

„Ob wir wohl die nächsten gewesen wären?" fragten wir uns, als wir draußen in der Wüste unseren Camper für die Nacht geparkt hatten und aus unseren Schlafsäcken auf das glitzernde Lichtermeer hinabblickten. Aber vielleicht wären wir der Gefahr erlegen, es immer und immer wieder zu probieren, und mit einem Spielverlust von 7,50 Dollar unter dem Strich waren wir ja mit einem blauen Auge davongekommen. Aus samtschwarzem Himmel zwinkerten uns die Sterne zu, und manchmal mischte sich in das Geräusch von Jahrmarkt und Rummelplatz, das der Wind herbeitrug, das ferne Heulen eines Kojoten aus der Wüste.

Salt Lake City liegt kaum 500 Kilometer von Las Vegas entfernt, aber ein größerer Gegensatz ist kaum vorstellbar. Die hellen Fassaden strahlen Sauberkeit, Ordnung und Anstand aus. Whisky, Zigaretten und Herrenmagazine werden nur unter der Ladentheke gehandelt. Glattrasierte Gesichter mit streichholzkurzen Haaren und Schlips und Kragen bestimmten das Bild. Farbige sieht man nirgends, und in den Schaufenstern wird nichts außer Bibeln und religiösen Sprüchen angeboten. Im großen Tempel der Mormonen sang der Tabernakelchor in fließenden, himmelblauen Gewändern – hätten nicht die Flügel gefehlt, hätte man sie für die himmlischen Heerscharen persönlich halten können. In einem abgedunkelten Raum kniete die lebensgroße Figur des Religionsstifters Joseph Smith, wirkungsvoll von Effektlicht bestrahlt. Auf Knopfdruck ertönte sein Glaubensbekenntnis, und wir erfuhren, daß Jesus Christus einst auch in Amerika gewesen war. Jeder Besucher wurde gebeten, sich mit Namen und Adresse in einen großen Folianten einzutragen. Wir verzichteten darauf, und als wir das Gebäude verließen, kam es uns fast so vor, als hätten wir das Eintrittsgeld geschnorrt.

Draußen vor der Stadt, auf dem großen verlandeten Salzsee, dröhnten hin und wieder hochgezüchtete Motoren. Irgendeiner versuchte wieder, noch ein bißchen schneller zu sein als all die anderen vor ihm. Vorsichtig fuhren wir über die knirschenden Salzpfannen zum Startplatz. Dort erst wird die Bahn spiegelglatt, ein dicker rußiger Strich markiert die Richtung, in der Ferne tanzen die blauen Bergketten der Wasatch Range. Jetzt erst fiel uns auf, daß kein anderes Fahrzeug zu sehen war; hier könnte doch jeder seinen Zorn auf das 55-Meilen-Diktat spielend loswerden! Aber wir hatten wohl wieder einmal von deutscher auf amerikanische Mentalität geschlossen. Wir traten das Gaspedal

Mit heulendem Motor werden wir kurz darauf in das blendende Weiß starten

voll durch und rasten mit heulendem Motor in das blendende Weiß, als gelte es, den Geschwindigkeitsweltrekord für vollbeladene Campingfahrzeuge zu erringen. Aber in der großen Leere versagt offensichtlich das erlernte Gefühl für Geschwindigkeit; nur von der Tachonadel wissen wir, daß wir 120 Kilometer in der Stunde zurücklegen. Bei dem Tempo hätten wir rein rechnerisch in 12 Tagen die ganze Panamericana von Alaska bis Feuerland geschafft – zugegeben eine absurde Idee, die aber so abwegig auch wieder nicht ist. Mehrfach haben wir von Teams gehört, die aus Gründen der Werbung für die Reifen- oder Automobilindustrie die Panamericana zur Rennpiste degradierten.

Zwischen Frisco und L.A.

Die Panamericana, die große Verbindung zwischen Alaska und Feuerland, fächert sich im Westen der Vereinigten Staaten in zahlreiche Highways und Landstraßen auf, die den Touristen von der kanadischen Grenze nach Süden, zum Golf von Mexiko schleusen. Man darf sich also unter der Panamericana keine genau definierte Straße vorstellen, auch in Lateinamerika nicht. Zahlreiche verlockende Ziele liegen am Wegesrand, und es fiel nicht leicht, immer wieder der Versuchung zu widerstehen, sich von vielversprechenden Namen auf der Karte entführen zu lassen. Aber unser Hauptanliegen – eine Fahrt auf der Panamericana – durften wir nicht aus den Augen verlieren. Wie mag es in „Crater National Monument“ aussehen, wie in der Geisterstadt Silver City in den Owyhee Mountains in Montana? Auch heute wissen wir es nicht. Aber was wäre das Reisen, wenn die Neugier voll befriedigt würde und nichts zurückbliebe, was ein Wiederkommen rechtfertigte?!

Als eine der schönsten Straßen durch den Westen der Vereinigten Staaten gilt die berühmte „Number 1“ entlang des pazifischen Ozeans. Sie beginnt am Pudget Sund im regenreichen Norden des Staates Washington, wo die Hänge der Olympic Mountains mit tropfnassen Märchenwäldern überzogen sind und gebleichtes Treibholz wie ein riesiges Mikadospiel die einsamen Strände bedeckt. Nebelschwaden und Wolken hängen in den Klippen der Steilküste, hin und wieder zuckt das Auge eines fernen Leuchtfeuers über graugrün heranbrandende Wogen. An den Flußmündungen sind kleine Fischerorte entstanden mit weißbemalten Zäunen aus unterschiedlichstem Treibgut, aus Holzlatten, Flaschen, Tonnen oder Balken. Dann taucht die Straße in das Gewölbe der Sequoia-Bäume ein, deren dickborkige hellbraune Stämme sich fast hundert Meter hoch in den Himmel recken und erst weiter oben zu einem grünen Dach zusammenschließen, durch das die Sonne nur gedämpft hindurchdringt. In vorchristlicher Zeit begann das Leben dieser Giganten; Waldbrände, hier ohnehin kaum vorstellbar, können ihnen längst nichts mehr anhaben, und auch vor der Axt des Menschen sind sie durch strenge Naturschutzbestimmungen ziemlich sicher. Trotzdem stellen die Bäume sicherlich eine große Versuchung dar, denn wie wir hörten, soll schon ein einziger Stamm genügend Baumaterial für mehrere voll eingerichtete Bungalows liefern.

San Francisco kommt ganz überraschend. Die Straße biegt von der Küste ab, um in einen Freeway einzumünden, auf dem der Verkehr in sechsspuriger Bahn dahingleitet. Gleich muß die Golden-Gate-Brücke in Sicht kommen, eine Art Weltwunder, über die wir imponierendes Zahlenmaterial im Reiseführer finden: Länge 2823 Meter, Breite 27,5 Meter, Pfeilerhöhe 250 Meter, Baukosten 35 Millionen Dollar, Eröffnung 27. Mai 1937, jährlicher Farbenbedarf 40 Tonnen, Verkehr fast 40 Millionen Fahrzeuge pro Jahr. Da ist sie. Wie Wachtürme einer Burg hängen die rotbraunen Pylone über der Fahrbahn. Rasch wechseln wir auf die äußerste rechte Spur, um unsere Fahrt auf diesem weltberühmten Bauwerk zu einer Art persönlicher Triumphfahrt auszudehnen und uns an der Aussicht über die Bucht, die Stadt und den Pazifischen Ozean zu berauschen. Hier darf übrigens unter keinen Umständen angehalten werden, auch ein „Platter“ gilt nicht als Grund, der Reifen muß geopfert werden.

Der Natur ist es zu verdanken, daß der sonst übliche Schachbrett-Grundriß amerikanischer Städte in San Francisco nicht

Wie ein riesiges Mikadospiel liegt das Treibholz am Strand

Rast in den Olympic Mountains

durchgehalten werden konnte, sondern Formen angenommen hat, die uns sonst nur von der Achterbahn her vertraut sind. In Steigungen, die gut und gerne Alpenpässe in den Schatten stellen, scheinen die Straßen geradewegs in den Himmel zu stoßen, um gleich darauf beängstigend steil in die Tiefe zu stürzen. Kurz: das ideale Revier für Fahrschulen, das berüchtigte „Anfahren am Berg" zu üben. Ein Stadtbummel artet daher schnell zu einer kleinen Bergtour aus, mit allen Konsequenzen, auch dem Muskelkater am nächsten Tag. Mag sein, daß sich deshalb die gute, alte cable-car, das Straßenbahn-Unikum aus der Jahrhundertwende, bis heute behaupten konnte. Alle Anläufe der Stadtverwaltung zur Abschaffung erstickten jedenfalls im örtlichen und internationalen Protest. Laut ächzend, aber unermüdlich, schleppt sich das nostalgische Vehikel über die steilen Straßen und erfüllt unseren Jugendtraum, endlich einmal ungestraft auf dem Trittbrett fahren zu dürfen. Aber Vorsicht: Der Platz hinter dem Führer im Wageninnern wird nicht umsonst frei gelassen. Wer das vergißt, bekommt beim Ein- und Auskuppeln des Seiles harte Ellenbögen in Bauch oder Rücken und kann so nebenbei auch noch die ersten amerikanischen Flüche lernen. Ein paar Schritte weiter befinden wir uns plötzlich in China. Chinesische Zeichen, chinesische Waren, fremde, gutturale Laute. Weißbärtige, flinke Gestalten schleppen wippende Körbe an langen Stangen; an einer Leine hängen gerupfte Hühnchen wie bei Wilhelm Busch nebeneinander an den Hälsen aufgeknüpft – Amerika scheint ganz woanders und sehr weit entfernt zu sein. Das bunte, schon etwas südländische Treiben in dieser lebensbejahenden Stadt am Pazifischen Ozean gefällt uns gut; zum ersten Mal auf dieser Reise lernen wir eine Gegend kennen, wo auch wir gern leben würden. So geht es wohl den meisten Nordamerikanern, obwohl jedermann weiß, daß diese Stadt auf einer Bombe lebt, die jeden Moment losgehen

Momentaufnahme aus Chinatown in San Francisco

kann. Die große Erdbebenkatastrophe von 1906, bei der über 1000 Menschen ihr Leben verloren und wo bei einem nachfolgenden Feuer ganze Stadtteile abbrannten, kann sich stündlich wiederholen. Ursache dafür ist die nahe San-Andreas-Spalte, das Zusammentreffen zweier Erdschollen, die durch Überlagerungen in vielen Jahren jenen hohen Druck aufbauen, der sich dann bei einem Erdbeben in Sekundenschnelle entlädt. Ob wir uns wohl an diese ständige Bedrohung je gewöhnen könnten?

Weiter südlich hat der Mensch die Küste erobert. Statt der Wälder ziehen sich Badeorte am Meer entlang, vor allem aber die Prunkvillen der Schickeria aus Showgeschäft und Politik. Sie hat den schönsten Küstenabschnitt bei Carmel unter sich aufgeteilt und für die Benutzung „ihrer" Straße sogar eine Abschreckungsgebühr erhoben – wir verzichteten dankend.

Nach dreihundert Kilometern greift der Polyp Los Angeles nach dem Autofahrer, saugt die Wagen in sein System von mehrstöckigen Stadtautobahnen, wirbelt sie sechsspurig durch Verteiler und spuckt sie dann irgendwo über eine Ausfahrt – meistens leider die falsche – in das Häusermeer, das sich wie ein ausgelaufener Brei gleichförmig über die Küstenebene wälzt. Ein Zentrum suchten wir vergebens, statt dessen bewegten wir uns immer nur durch Vororte, die nahtlos ineinander übergehen. Der bekannteste dürfte Hollywood sein, aber das banale Straßenbild verrät nichts von der hier erzeugten Film-Traumwelt und Kino-Illusion. Nur der Eingeweihte weiß, daß hinter den schlichten Fassaden von „Goldwyn" und „Warner" nicht Hundefutter oder Transistoren, sondern Krimis, Western und Liebesdramen fabriziert werden. Los Angeles empfanden wir als die totale Stadt, die Verwirklichung eines menschlichen Ameisenhaufens. Der Kenner nennt sie schnoddrig „L. A." – vielleicht aus der Einsicht heraus, daß die einstige Missionssiedlung „Die Engel" mit dem heutigen Moloch nichts mehr gemein hat.

Wie froh waren wir, als wir dem stickigen Smog den Rücken kehren konnten, und in der Wüste atmeten wir erst einmal tief durch. Auf dem Highway 60 fuhren wir in die Dämmerung, die untergehende Sonne zauberte ein verrücktes Farbenspiel in den Himmel – von Stahlblau bis Quittegelb –, und über den sattsam bekannten Hotel- und Restaurantketten, die uns entlang der Straßen von Alaska bis hierher aufdringlich verfolgt hatten, flammten die ersten Neonreklamen auf. Ein dicker 8-Zylinder-Chevrolet mit hochgestelltem Heck röhrte aufreizend an uns vorüber. Im hinteren Fenster hing ein schweres Gewehr, und auf einem „Gesinnungsaufkleber" lasen wir: „Iß mehr Elch. 10000 Wölfe können sich nicht irren!"

Abseits der Highways, neben einem Riesen-Säulenkaktus schlugen wir lustlos unser Lager auf. Kein Laut, kein Licht, nur in der Ferne das Scheinwerferspiel vorbeifahrender Autos. Morgen endlich würden wir eine neue Welt betreten, die vielleicht so fremd ist wie Chinatown. Nach acht Monaten waren wir amerikamüde geworden. Gewiß, wir hatten viel Neues gesehen und manches erlebt auf diesen 35 000 Kilometern zwischen New York und Florida, Alaska und Texas. Aber jene Prise Abenteuer, die angeblich entlang der Panamericana das Salz in der Reissuppe sein sollte, hatten wir nicht gefunden, auch nicht im Wilden Westen. War nicht alles viel zu glatt, zu künstlich, zu steril? Vielleicht waren wir aber auch nur ermüdet und mußten mal richtig ausschlafen. „Wartet nur, bis ihr in Mittelamerika seid", hatte uns ein älteres italienisches Ehepaar getröstet, das mit seinem martialisch vergitterten Fiat-Camper von Feuerland heraufgekommen war. „Ab Mexiko wird es sehr gefährlich. Ihr werdet noch sehnsüchtig an die USA zurückdenken und das sogenannte Abenteuer verfluchen!" Ach, wie gern wollten wir darüber fluchen!

Baja California – der Wilde Westen Mexikos

„Bienvenidos a Mexico" begrüßte am Grenzübergang Nogales ein Spruchband die Besucher aus dem Norden. Damit wir auch gleich den rechten Eindruck von der neuen Welt mit dem klangvollen Namen „Lateinamerika" bekamen, prügelten sich zwei US-Zöllner mit einem Mexikaner. Als sich der Mann über die Grenzlinie auf heimisches Territorium retten konnte und so der Festnahme entging, klatschten die Passanten unverhohlen Beifall. Die Beamten klopften sich den Staub aus ihren Uniformen und verschwanden mit hochroten Köpfen hinter den getönten Scheiben ihres Büros.

Mexiko oder „south of the border" – südlich der Grenze – wie man in den USA oft mit einem Unterton sagt, als handele es sich um das Ende der Welt, ist in der Tat völlig anders, völlig fremd, völlig neu. Wir ertappten uns dabei, wie wir fasziniert auf Menschen, Hunde und Schweine starrten, auf Frauen, die bunte Wäsche aufhängten, und Kinder, die im Staub Fußball spielten. Die Straße war mit einem Mal Lebensader, nicht bloß Verkehrsweg. Aber schon mischten sich die ersten dunklen Flecken in das exotische Bild: Für Zolldokumente, die unübersehbar den Stempel

„South of the border" beginnt eine andere Welt

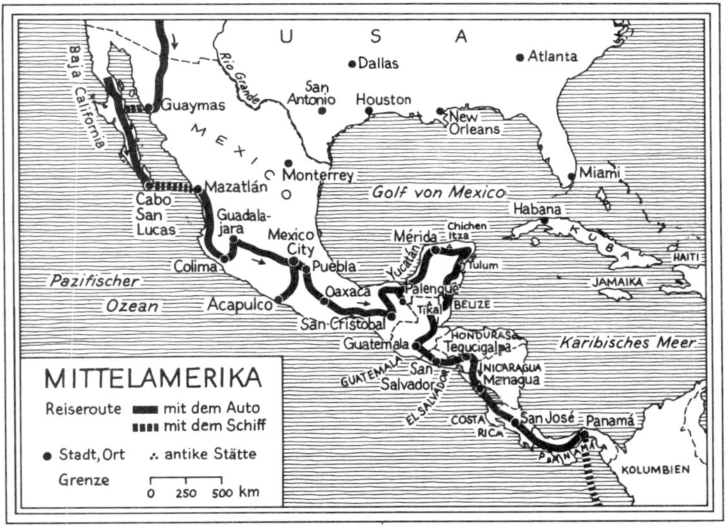

„kostenlos" tragen, zahlt man doch lieber den geforderten Dollar, es sei denn, man verfügt über viel Zeit. Auch der etwas schmuddelige Zollgehilfe mit schiefgeknöpfter Unifcrmjacke und ausgefransten Hosenbeinen hält ganz selbstverständlich die Hand auf, und wir lernen unsere erste spanische Vokabe. „regalo", Geschenk. Hatten die Nordamerikaner ihren Müll noch abseits der Straße verschämt hinter die Böschungen geschüttet, so säumt er ab sofort den Weg als Zeichen gewissen Wohlstandes, wenn auch noch Waschmaschinen und Kühlschränke in der Palette des Abfalls selten sind.

Der Weg von Norden in das alte Herz Mexikos, das Hochland von Anáhuac, ist weit und eintönig. Wir wählten die Küstenstraße entlang des Pazifik, um entgangene Badeferien nachzuholen, denn bisher war das Wasser stets zu kalt gewesen. Zunächst begleitete uns heiße, baumlose Wüste, in der sich nur Kakteen und harte

Auf dem Weg zur „Baja California" durchfahren wir heiße, baumlose Wüste mit Riesenkakteen

Gräser behaupten konnten, bewacht von der blauschimmernden, abweisenden Kette der Sierra Madre Occidental.

Die erste Nacht im neuen Land verbrachten wir vorsichtshalber auf einem Dorfplatz, weil uns die freie Natur noch nicht so ganz geheuer war. Die Warnung der beiden Italiener hatte ihre Wirkung wohl nicht verfehlt. Aber hier fühlten wir uns geborgen. Der Geruch von Staub und verbranntem Holz mischte sich mit den fremdartigen Düften mexikanischer Küche. Hinter geflochtenen Bastmatten flackerten kleine Feuer, schemenhaft huschten Menschen, Hunde und Esel um unseren Wagen und niemand störte sich an unserem plötzlichen Erscheinen. Wir öffneten die erste Flasche Tequila, den berühmten Agavenschnaps des Landes, tranken auf das Reisen im allgemeinen und auf Mexiko im besonderen und fühlten uns erst jetzt so richtig in der Ferne. „Viva Panamericana!"

Weit im Westen hatten wir bei guter Sicht schroffe Berggipfel unter dicken Quellwolken erspäht: die Halbinsel Baja California – jener schmale Landzipfel, der sich gut 1000 Kilometer parallel zum mexikanischen Festland zwischen dem Golf von Kalifornien und Pazifik hinzieht. Selten hatten wir von diesem Land berichten hören, und so reifte in uns der Entschluß, bei nächster Gelegenheit dort auf Entdeckungsreise zu gehen. Von Guaymas brachte uns eine Autofähre in einem Tag nach Santa Rosalia, einem kleinen Fischerort auf der Halbinsel. Der erste, der hier der Überlieferung nach auf Streifzug gegangen sein soll, hieß Hernán Cortés, der Eroberer Mexikos. Er hegte damals nur einen Gedanken: Gold. Weil er das kostbare Metall aber nicht fand und auch die nach ihm Kommenden nicht, konnte die Halbinsel auch 450 Jahre später im wesentlichen ihren Charakter bewahren; schroffe Gebirgskämme, unübersehbare Kakteenwälder, steinige Dornbuschsteppen und vor allem große Einsamkeit. Mit Cortés waren auch Missionare ins Land gekommen, um sich der Indianerstämme anzunehmen. Die Missionsstationen sind heute meist verfallen, aber Kerzenstummel auf Altartrümmern und der verblaßte Farbdruck der Jungfrau von Guadelupe, größtes Heiligtum ganz Lateinamerikas, zeugen auch heute noch von der damaligen Bekehrung.

Am Rande eines steilen Tafelberges fanden wir spät am Abend eine solche Missionsstation: San Borja. Das Gebäude schien gut erhalten, und einige Hütten rings um den Kirchplatz wirkten durchaus bewohnbar. Den ganzen Tag waren wir durch Kakteenwälder gefahren, ohne einen Menschen gesehen zu haben, und auch jetzt bemerkten wir kein Zeichen von Leben. Trotzdem fühlten wir uns aus den Hütten beobachtet. Ob nicht wenigstens ein Wächter hier wohnte? Wir drückten auf die Hupe, die einen erschreckenden Lärm in der Stille verursachte, und versuchten es lieber mit Rufen. Doch außer Grillengezirp war nichts zu hören. Ein herrlicher, unbeschädigter Fries umgab das Kirchenportal, das nur leicht angelehnt war. Wir mußten lächeln, als es bei vorsichtigem Öffnen wie in einem Gruselfilm knarrte. Stickige Luft schlug uns entgegen, und wir ließen unseren Augen Zeit, sich an das Dämmerlicht zu gewöhnen. Aber jetzt glaubten wir doch etwas zu hören: ein leises Zischen, das näher kam und bedrohlich anschwoll zu einem schnellen, hohen Rasseln. Der Strahl der Taschenlampe leuchtete die Bankreihen ab, glitt über den Altar zum Fußboden. Fast hätten wir entsetzt aufgeschrien. Keine drei, vier Meter vor uns hatte sich eine Klapperschlange hoch aufgerichtet, der muskulöse Körper bereit zum Zuschlagen. Um sie herum lagen Knäuel weiterer Schlangen, bewegungslos oder sich langsam windend. Waren wir in eine Schlangengrube geraten? Der helle Abendhimmel wies uns den Weg zurück zum Portal. Auf Zehenspitzen und nach allen Seiten leuchtend verließen wir fluchtartig den Kirchenraum und warfen aufatmend die schwere Tür hinter uns ins Schloß. Natürlich hatte heute abend keiner von uns mehr Lust zu einem kleinen Spaziergang.

Am nächsten Morgen bei strahlendem Sonnenschein erschien das gestrige Erlebnis wie ein Spuk. Ob die Biester wohl noch alle da drin sind? Aber so sehr wir auch an der Tür rüttelten: sie ließ sich nicht öffnen. Also hatte sie heute nacht jemand abgeschlossen. Oder hatten wir doch alles nur geträumt? Wir packten unsere Sachen zusammen und machten uns auf den Rückweg. Unser Frühstück konnten wir ja auch woanders einnehmen.

Für den Touristen aus den USA machen nicht die Tafelberge, Kakteengärten und Wüsten den Reiz der mexikanischen Halbinsel aus. Baja gilt vielmehr als Paradies der Angler, für die auch der verkommenste Ort am Wasser magische Anziehungskraft gewinnt, von dem es heißt, daß dort einmal ein besonders stattliches Exemplar von Sägefisch aus dem Meer gezogen worden ist. Die Hauptstraße schlägt immer wieder den Bogen zwischen

Pazifik und Golf und bietet so genügend Gelegenheit zu Abstechern ans Wasser. Wenn wir einem der vielen kleinen Pfade folgten, die über Stock und Stein zum Strand führen, stießen wir am Ende unweigerlich auf ein „fishing camp", den Treffpunkt einer verschworenen Gemeinschaft begeisterter Sportangler, die gerade diesen Platz als ihr persönliches Heiligtum hüten und jeden Neuankömmling am liebsten zum Teufel jagen. Auch wir wurden argwöhnisch gemustert, aber ihre Gesichtszüge hellten sich auf, als sie entdeckten, daß wir kein Aluminiumboot auf dem Wagendach mit uns führten und auch keine überlangen Angelruten, die wippenden Statussymbole der Freizeitfischer. Bei einer Dose Bier, die sie aus der unergründlichen Tiefe einer auf wundersame Weise immer noch eiskalten Isolierbox zauberten, schwärmten sie dann von „blue marlin", „sailfish" und „yellow tail", allesamt riesige Exemplare, die sich dann aber meist wieder vom Haken gerissen hätten. Manche übersahen, daß wir keine Hochsee-Angeln hatten und fragten nach unserer Beute. Wir brachten es dann nicht übers Herz, ihnen von unserem Mitleid mit den herrlichen Tieren zu erzählen, die wir ja doch nicht essen konnten, und schwindelten, wir hätten schon alles wieder ins Meer geworfen. Was hätten wir jenen auch erzählen sollen, die sich aus Treibholz einen großen Galgen bauen, vor dem sie sich dann zusammen mit ihrer kopfunter aufgehängten Trophäe fotografieren lassen? Den Rest besorgen die Möwen.

Cabo San Lucas, südlichster Punkt der Halbinsel. Jäh stürzen die Felsen 900 Meter in die Tiefe, wo die heranrollenden Wogen unablässig am Urgestein des Gebirges nagen und es zu einem Labyrinth aus Klüften, Höhlen und Spalten verformen. Für die spanischen Galeonen, die schwer beladen mit Gewürzen und Seide von den Philippinen her den weiten Weg über den Pazifik gekommen waren, signalisierten die Riffe von Cabo San Lucas das baldige Ende der beschwerlichen Fahrt; doch oft kam es sogar noch schneller als erhofft – englische Piraten warteten bereits mit ihren Kaperschiffen hinter den Felsen. Doch das ist lange her, und als wir auf die Autofähre nach Mazatlan rollten, brauchten wir an Piraten keinen Gedanken zu verschwenden. In einer bequemen Koje reisten wir bei Nacht über das „Meer des Cortés", wie die Mexikaner den Golf von Kalifornien auch nennen, und träumten von Kakteen, Wüsten, Missionsstationen und Tafelbergen, während das Schiff in der Dunkelheit einem anderen Mexiko entgegenstampfte.

Hinter Mazatlan, unmittelbar am Wendekreis des Krebses, gewinnt das üppige Grün der Tropen die Oberhand. Die Kakteen treten zurück, mächtige Bäume, verschlungenes Blattwerk und Lianengeflecht bestimmen von nun an das Bild. Wir biegen nach

Paradiesische Zustände in San Blas

San Blas ab, vierzig holprige Kilometer von der hektischen Hauptstraße entfernt. Das verschlafene Fischerdorf am Pazifik ist der richtige Ort, die Hängematte zwischen die Palmen zu spannen, gelegentlich in das brackige Wasser zu spucken, das träge gegen die Mangrovenwurzeln schwappt, und eine Melodie mitzusummen, die der Wind aus irgendeinem Radio herüberweht.

Gringos, Götter, Pyramiden

Als wir eine Woche später in rasender Fahrt, eingekeilt in eine hupende und stinkende Autolawine, durch die Millionenstadt Mexico City geschoben wurden und uns schworen, hier nie wieder Auto zu fahren, da dachten wir wehmütig an San Blas. Mexico City ist ein Moloch, der an seinem eigenen Atem, dem ätzend brennenden Smog, zu ersticken droht. Was würde wohl Moctezuma, der letzte Herrscher der Azteken, empfinden, wenn er sein Tenochtitlan, die selbst von den spanischen Eroberern als Juwel beschriebene Inselstadt im Texcoco-See, heute sähe? Wahrscheinlich würde er wie wir im Anthropologischen Museum Zuflucht suchen, der Oase präkolumbianischer Schätze im Chapultepec-Park. In vollendeter Form werden hier Zeugnisse der Vergangenheit dem Besucher dargeboten und stimmen ihn ein auf die Kulturstätten, mit denen Mexiko so reich gesegnet ist.

Der erste Weg vom Verkehrschaos des zwanzigsten Jahrhunderts in die Welt der präkolumbianischen Völker führt 40 Kilometer nach Nordosten, zu den Ruinen von Teotihuacán, dem gewaltigsten Pyramidenkomplex der Neuen Welt. Wie für die Ewigkeit errichtet, erheben sich Sonnen- und Mondpyramide über die hitzeflimmernde, ausgedörrte Ebene. Von den Erbauern, die um das 5. Jahrhundert nach Christus das Hochland beherrschten, ist noch wenig bekannt. Natürlich mußten wir hinauf, zur Not auf allen vieren. Beim Hochkrabbeln erst vermochten wir die wirkliche Höhe zu ermessen – was sind schon 65 Meter von unten! Aber von der Spitze gesehen waren die Gruppen der Touristen zu winzigen Ameisen-Pulks geschrumpft, und wir beobachteten mitleidig, wie sie sich in der großen Hitze auf dem riesigen Terrain trotz aller Anstrengungen kaum von der Stelle zu bewegen schienen. Hier oben aber trocknete ein sanfter Wind den Schweiß auf der Stirn, und durch den Ausblick überwältigt, nahmen wir uns vor, späterhin alle weiteren Pyramiden Mexikos zu besteigen, wie steil sie auch immer sein mochten. Erst am kühlen Nachmittag streiften wir durch die Tempelanlagen. Gradlinigkeit, Strenge und Machtstreben sprechen aus den monumentalen Bauwerken, vielleicht auch etwas von jener Selbstüberschätzung, die bereits im Namen anklingt: „Der Ort, an dem der Mensch zum Gott wird"; nicht weniger nämlich bedeutet „Teotihuacán".

Wir hingegen hatten uns mit durchaus menschlichen Problemen herumzuschlagen. Wo konnten wir einen sicheren, ruhigen Platz für die Nacht finden, wie ließen sich übereifrige Polizisten besänftigen, wie eine neugierige und aufdringliche Kinderschar fernhalten? Dies waren die Hauptfragen, die sich täglich neu stellten. Was blieb uns anderes übrig: Wir mußten uns Tricks und Kniffe einfallen lassen, ohne die der Individualreisende, vor allem, wenn er mit dem Auto unterwegs ist, jede Lust am Reisen verliert oder sogar strandet. So ereilte uns programmgemäß in Mexico City im absoluten Halteverbot – einen Parkplatz gab es weit und breit nicht – direkt vor der Hauptpost eine Motorpanne. Während sich der eine laut fluchend mit dem Zündverteiler beschäftigte, verdrückte sich der andere schnell in die Post, um die heißersehnten Briefe von daheim in Empfang zu nehmen. Als er zurückkam, sprang – o Wunder – der Motor wieder an. Noch häufig haben wir mit dieser Masche unter dem machtlosen Auge der zähneknirschenden Obrigkeit einen zentralen Parkplatz im Großstadtgewimmel „gefunden". Sicher hat auch so mancher lateinamerikanische Polizist die deutsche Gründlichkeit verwünscht, weil sich unser (mit Schloßschrauben gesichertes) Nummernschild nicht abmontieren ließ und es dem Gesetzeshüter verwehrt blieb, im Tausch Nummernschild gegen Dollarnote, natürlich unter Hinweis auf ein Park-, Halte- oder sonstiges Verbot, sein schmales Gehalt aufzubessern. Und was unser vorderes Kennzeichen betraf: das hing ja ohnehin in Watson Lake am „Mile Post". Gefundenes Fressen für jeden Polizisten, uns deshalb anzuhalten, um zu kassieren. Das passierte uns aber nur einmal. Dann hatten wir gelernt, in schönstem Spanisch den Satz „Es tut uns sehr leid, aber deutsche Fahrzeuge haben nur hinten ein Nummernschild" herunterzuschnurren.

Und dann natürlich die ständig lauernde Gefahr, bestohlen zu werden! Alle Langfinger fühlen sich von Touristenautos magisch angezogen, was bei der großen Armut auch nicht weiter verwundert. Trotzdem machen die meisten Globetrotter früher oder später ihre eigenen, schmerzlichen Erfahrungen. „Wir glaubten erst, die Welt geht unter. Nur drei Minuten allein gelassen. Geld und Pässe weg; die ganze Fotoausrüstung, die Musikkassetten, das Radio und selbst die belichteten Filme waren futsch". So und ähnlich hatten wir schon bei früheren Reisen verzweifelte Autotouristen jammern hören. Was nun Lateinamerika betrifft, so sind die Chancen, „ungerupft" davonzukommen, bei längerem Aufenthalt recht gering. Leider kann einem eine Diebstahlversicherung allenfalls das zu Hause wiedergeben, was man nur unterwegs gebraucht hätte. Also sparten wir die teuren Prämien und schoben der Versuchung im wahrsten Sinne des Wortes einen Riegel vor.

Alle Türen hatten ein zusätzliches Sicherheitsschloß, ein rotes Lämpchen am Armaturenbrett blinkte abschreckend (das Wort „Auto-Alarm“ verstehen viele), und eine kraftvolle amerikanische Polizeisirene lauerte nur darauf, daß es ein „ladron“ dennoch versuchen würde. Geld und Dokumente ruhten wohlverwahrt in einer kleinen Stahlkassette, mit einem roten Kreuz als Verbandkasten getarnt und untrennbar mit der Karosserie verschweißt. Selbst die gewieften Zöllner sollten sich bis zum Ende der Reise nie dafür interessieren. Gewiß, wir machten uns nichts vor. Wirklich gesichert hatten wir uns nicht, wohl aber nach der Devise „Lieber, heiliger Florian, verschon unser Haus, zünd andere an!“ das Risiko an vielleicht nebenan geparkte, ungeschützte Fahrzeuge abgeschoben. Übrigens: Auch der Christophorus-Medaille, gut sichtbar montiert, wird in Lateinamerika auf diesem Gebiet Wunderkraft zugesprochen.

Vor allem in Mittelamerika empfiehlt es sich, die Leute wissen zu lassen, daß man kein „gringo americano“ ist, denn zu ihrem mächtigen und reichen Nachbarn im Norden hegen sie durchaus zwiespältige Gefühle. In einer Art Haßliebe blicken sie zu den Leistungen und Konsumgütern der USA auf, verachten aber gleichzeitig Mensch und System. Mehr noch als Wohlstandsgefälle prallen die unterschiedlichen Mentalitäten in Mittelamerika immer wieder aufeinander und hinterlassen sowohl bei den Einheimischen als auch bei den Besuchern aus den USA Enttäuschung und Verwirrung. Um also kein Mißverständnis aufkommen zu lassen, erkundigten wir uns bei anfänglichen Verständigungsschwierigkeiten immer erst, ob man – wie absurd! – zufällig Deutsch spräche. Erst dann wagten wir nach Englisch zu fragen. Vertausche aber niemand die Reihenfolge!

Für den Nordamerikaner beginnt, wie schon berichtet, „südlich der Grenze“ das feindliche Ausland, das aber mit seiner Exotik und seinen Abenteuern dennoch lockt. So hat sich eine Form des Reisens gebildet, die sich am treffendsten mit „individueller Massentourismus" umschreiben läßt. Jeden Winter schieben sich Lindwürmer von Wohnwagenkonvois über den Rio Grande. Einmal hat der „Uncle Sam Club" über hundert Mitglieder zu einer gemeinsamen Fahrt überredet, ein andermal finden sich die Besitzer der exklusiven, numerierten „Airstream"-Wohnwagen zusammen. Vornweg fährt der „group leader", der Anführer, wie einst bei den gefährlichen Planwagen-Trecks durch den Wilden Westen. An seinem Auto flattern die „stars and stripes" wie bei einem militärischen Kommandounternehmen. Die Nachhut bilden der Versicherungsagent, der sich bei der friedlichen Invasion eine goldene Nase verdient, und der Werkstattwagen. „Die Amerikaner kommen!" Wie ein Lauffeuer pflanzt sich die Nachricht entlang der Panamericana fort. An den Grenzübergängen werden zusätzlich Zöllner eingesetzt, auf den Märkten steigen die Preise, Taschendiebe unternehmen weite Anreisen.

In Mexico City verließen wir die „Traumstraße" und folgten der alten Route, die schon Cortés vor mehr als 400 Jahren genommen hatte, als er sich anschickte, mit einer Handvoll Soldaten das Reich der Azteken auszulöschen. Immer wieder geht unser Blick zu den beiden schneegekrönten Vulkanen Popocatépetl und Ixtaccihuatl, die sich hoch über die tropische Landschaft erheben. Für den Geologen sind sie ganz nüchtern betrachtet Stratovulkane aus dem Pliozän, aber für die einheimische Bevölkerung verkörpern sie ein mythologisches Liebesdrama: Der Krieger beweint seine aus Kummer gestorbene Geliebte – Romeo und Julia auf mexikanisch.

Am Wege liegt Cholula, wo man einem Tempel eine Kirche aufgepfropft hat, auch für den einfachen Bauern von damals weit sichtbares Zeichen, daß nun ein neuer Gott seine Geschicke lenkt.

In Puebla, der viertgrößten Stadt, hat europäisches Kulturgut bis heute seinen Platz behauptet. Überladene und verspielte Renaissance-Kirchen und bemalte Azulejos, die bunten Kacheln, die hier seit Menschengedenken hergestellt werden, bleiben uns besonders in Erinnerung. Im Straßenbild dominiert der Volkswagen-Käfer; kein Wunder, denn täglich verlassen hier 250 dieses wohl „deutschesten" aller deutschen Exportprodukte die Bänder. Neugierig bleiben wir vor den Werktoren stehen und werden auch schon hereingewinkt. In der Montagehalle sieht es aus wie in Wolfsburg, nur finden wir hier Mestizen und Indianer, die Karosserieteile zusammenschweißen und Aggregate einbauen. Die Chefetage wird dann aber ausschließlich von Deutschen beherrscht, und die Werkkantine hält nicht etwa Tortillas, das mexikanische Nationalgericht, sondern gute, deftige Erbsensuppe mit Speck für uns bereit.

Durch die schroffe Bergwelt des östlichen Gebirgsriegels, der Sierra Madre Oriental, lenken wir den Wagen hinab zur Golfküste. Mit Reis, Bananen und Zitrusfrüchten dokumentieren die Tropen erneut ihre Herrschaft, vor allem aber mit Hitze und Luftfeuchtigkeit, die sich wie ein dampfendes Tuch auf uns legen und jede Aktivität im Keim ersticken. Die ersten Tage liegen wir wie matte Fliegen im Schatten, vermeiden jede Bewegung und versuchen uns zu akklimatisieren. Der plötzliche Klimaschock aber sollte sich lohnen. Yucatán, die tischebene Halbinsel, die sich wie ein hochgereckter Daumen zwischen den Golf von Mexiko und die Karibische See schiebt, liegt endlich vor uns, von vielen als der schönste Teil des Landes gepriesen.

Der Geist der Maya lebt nicht allein in den Ruinenstädten Yucatáns fort, er durchdringt nach wie vor das Leben der Bevölkerung: die gleiche gebogene Nase, die gleiche Sprache, die gleiche Kleidung, die gleichen ovalen Hütten wie vor fünfhundert oder tausend Jahren. Und dennoch gibt die Vergangenheit dieser so fröhlichen Menschen den Forschern viele Rätsel auf. Als einziges Kulturvolk Amerikas hatten die Maya eine Schrift – aber wir können nur Bruchstücke der Hieroglyphen entziffern. Das Zentrum der Maya lag einst im Urwald. Warum wurde es verlassen? Sie kannten weder das Rad, noch verstanden sie Getreide abzuwiegen – aber sie hatten einen Kalender, der unseren heutigen an Genauigkeit übertraf.

Die Entschuldigung vieler kulturmüder Touristen: „Hat man eine Ruine gesehen, kennt man sie alle", läßt sich auf Yucatán gewiß nicht anwenden. Jede Mayastadt hat ihren eigenen unverwechselbaren Charakter, ihre eigene Ausstrahlung und Geschichte. Da ist Palenque, eine Stadt aus der frühen klassischen Periode, in der sich dieser Stil noch rein erhalten hat. Das Besondere aber ist die Verschmelzung der Bauwerke mit dem wuchernden Urwald, wodurch das Geheimnisvolle dieser versunkenen Kultur besonders stark betont wurde. Palenque blieb uns noch lange in Erinnerung, allerdings nicht nur aus historischen Gründen, sondern auch wegen der vielen hundert Zeckenstiche, die sich jeder beim Durchstreifen des Urwalds geholt hatte. Die Blutsauger hatten nur die Größe eines winzigen Staubkornes, und als wir sie mitten in der Nacht an uns entdeckten, war es schon zu spät. Wir waren nun gewarnt und lasen uns die Zecken später gegenseitig ab. Aber die Mühe lohnte sich kaum, die meisten blieben unsichtbar.

Ganz anders als Palenque wirkte dagegen Chichén Itzá weiter im Norden auf uns. Fremde Elemente haben hier den Mayastil überlagert und den Pyramiden eine strenge, sachliche Form verliehen. Der Cenote, der heilige Brunnen am Rande der Tempelstadt, schillert wie ein gefährliches, grünes Polypenauge. Es grauste uns etwas, als wir an der steilen Abbruchkante standen und auf den tiefen, undurchdringlichen Wasserspiegel hinabblickten, vielleicht, weil wir wußten, daß hier einmal Menschen – angeblich junge Mädchen – rituell ertränkt worden waren, um die grausamen Götter zu beschwichtigen. Leider aber fordern die Tempelanlagen auch heute noch blutige Opfer. So erzählte uns ein Wärter, offenbar immer noch unter dem Schock des Geschehens, daß sich vor wenigen Tagen vor seinen Augen eine Europäerin unter Drogeneinfluß mit dem Ruf: „Ich bin eine Mayaprinzessin und kann fliegen" von der sechzig Meter hohen Plattform der Pyramide der gefiederten Schlange in die Tiefe gestürzt hatte. Schuld daran ist vielleicht Chac Mool, der Regengott, der auf dem Rücken liegend eine steinerne Opferschale auf seinem Bauch hält. Ihm zu Ehren, so hatten die spanischen Soldaten entsetzt in die

Die alte Maya-Stadt Tikal

Die steil hinaufragende Treppe ist nur mit Hilfe eines Seiles zu erklimmen

Heimat berichtet, wurden manchmal Tausenden von Kriegsgefangenen bei lebendigem Leibe das Herz aus der Brust gerissen und noch zuckend auf die Opferschale gelegt.

Den Höhepunkt aller Mayastädte aber bildete für uns Tikal im benachbarten Guatemala. Weite Teile der Anlagen sind auch heute noch im Griff des Urwalds. Wie weiße Inseln in einem grünen Meer steigen daraus die Tempel empor, mit ihren Spitzen die Baumkronen weit überragend. Immer wieder hangelten wir uns durch das Geflecht der Brettwurzeln zu den Plattformen empor, um aus luftiger Höhe mit dem Fernglas weit ins Land zu blicken und rings um uns die bunten Urwaldvögel aufzuspüren. Im Nu verging so der Tag, zu dessen krönendem Abschluß sich eine rotglühende Sonne ungewohnt schnell und fast senkrecht hinter den Horizont schob.

Im Banne der Indios

Mexiko gilt als größtes Indianerland der Welt. Einen guten Einblick in diese fremde, exotische Welt, in der vieles für uns unverständlich erscheint, erhielten wir beim Besuch von San Cristobal de las Casas, einer mittelalterlich-pittoresken Kleinstadt, die sich an die Hänge des dichtbewaldeten Berglandes von Chiapas schmiegt. Jeden Morgen zogen die Indianer, Männer wie Frauen, mit Körben und Säcken schwer beladen zum Markt. Wir hatten einfach am Wegesrand unser Nachtquartier bezogen und konnten jetzt vom Bett aus die schwankenden, barfüßigen Gestalten durch den kalten, morgendlichen Nebel vorüberziehen sehen. Aus den entlegeneren Dörfern kamen die Marktbesucher mit altertümlichen Lastwagen, dem üblichen Transportmittel für größere Strecken. Noch vor Sonnenaufgang herrschte reges Treiben auf dem Markt. Kinder und alte Leute wurden von den hohen Ladeflächen hinuntergehoben, es folgten Schweine, die sich laut quiekend gegen den zerrenden Strick am Bein wehrten, dann kamen Säcke und Kisten mit Feldfrüchten, vor allem verschiedene Kartoffelsorten und Mais, immer wieder Mais. San Cristobal liegt in 2200 Meter Höhe und ließ zumindest in diesen Stunden vergessen, daß wir uns in den Tropen befanden. Als die Sonne höherstieg, erwachten die in dicke Ponchos gehüllten Indios zu ungeahntem Leben. Die ersten Touristen fanden sich ein, sichtbar überrascht, aber auch enttäuscht, in uns schon andere Touristen vorzufinden. So versuchte man uns zu ignorieren und schaute geflissentlich an uns vorbei. Dabei wäre Solidarität weit eher angebracht gewesen, denn die Einheimischen betrachteten uns Gringos mit unverhohlenem Mißtrauen, vor allem, wenn jemand das Teufelswerk einer Kamera um den Hals hängen hatte – und wer hatte das nicht! Wie es hieß, fürchtet der Indianer um seine Seele; ein einleuchtendes Argument! Aber einige gutsituierte Touristen hatten herausgefunden, daß Geld alle Bedenken zu zerstreuen vermag. Seitdem läßt sich auch der älteste Greis nicht mehr umsonst ablichten. Wir versuchten es dennoch, mußten dann aber recht bald mit häßlichen Tomaten- und Eigelbflecken auf unseren mühsam gewaschenen T-Shirts und Jeans büßen.

Für das Fotografieren in einem nahe gelegenen Dörfchen namens Chamula mußten wir beim Ältesten sogar um Erlaubnis bitten, die nach entsprechender Bezahlung auch gewährt wurde. Später stellten wir verblüfft fest, daß unser Billett als Kirchenspende getarnt war – in der Kirche freilich durfte bei Androhung strengster Strafe nicht fotografiert werden. Als wir das Kirchlein betraten, stockte uns der Atem: Überall auf dem Lehmboden

Ein heimlicher Schnappschuß, denn die Indios fürchten die Kamera

lagerten in einem unübersehbaren Lichtermeer brennender Kerzen die Indios allein oder in Gruppen. Viele schienen tief ins Gebet versunken, flehentlich hoben sie die Arme und murmelten beschwörende Worte. Andere unterhielten sich ungehemmt mit ihren Nachbarn, kleine Kinder balgten sich mit jungen Hunden, Mütter stillten ihre Babys. Durch das kleine Kirchenfenster drangen scharf gebündelte Sonnenstrahlen in das verqualmte

Gewölbe und verwandelten die Szene in ein Kult-Fest längst vergangener Epochen. Ja, hier war die alte Götterwelt noch lebendig geblieben. Zwar knieten die Indios vor den uns vertrauten Heiligenfiguren, aber hinter deren europäischen Gesichtern verbargen sich noch die alten Erdgötter: Jesus Christus als Sonnengott, seine Mutter Maria als Mondgöttin, der heilige Johannes der Täufer als Vater der Erdgötter. Niemand beachtete uns, ja schien uns überhaupt bemerkt zu haben. Warum nicht ein schnelles, heimliches Foto aus der Hüfte schießen? Aber wir hatten die Wächter vergessen, die im Hintergrund nur darauf gewartet hatten. Sie rissen uns die Kameras aus den Händen, und ehe wir protestieren konnten, saßen wir schon im Dorfgefängnis. Das Ereignis hatte blitzschnell die Runde gemacht, und schon versammelte sich vor unserer Zellentür eine johlende, übermütige Dorfjugend. Die Größeren zogen sich an den Gitterstäben hoch und lachten uns frech ins Gesicht. Es lag nahe, was sie sagten: „Na, ihr dummen Gringos, jetzt helfen euch eure vielen Dollars auch nicht weiter." Da saßen wir ganz schön in der Tinte und kamen uns ziemlich verlassen vor. Man ließ uns den ganzen Tag schmoren, und erst am Abend erschien der Dorfälteste in Begleitung zweier Indio-Polizisten. 100 Pesos, meinten sie, seien nichts im Vergleich zu unserer Freiheit und den teuren Kameras. Die Höhe der Strafe tat weh, aber in diesem Loch eine Nacht hinter Gittern . . . ?

Der Weihnachtsabend überraschte uns in Tulum, der Maya-Festung am Karibischen Meer. „Wandervögel", vornehmlich aus den USA, hatten sich mit Zelten und Wohnwagen am Strand niedergelassen, lagen in Hängematten, fischten, kochten, oder veranstalteten kleine Partys. Mitten unter ihnen trafen wir auch Sepp und Franz aus Bayern wieder, mit denen wir sechs Monate zuvor bei einem großen Rodeo in Kanada so manche Flasche Bier

„Weihnachtliche" Stimmung in Tulum

geleert hatten, jedesmal mit der Beteuerung, daß der Gerstensaft in Deutschland doch viel besser sei und in Bayern schon allemal. Diesmal stand mexikanisches „Cerveza XXX" auf dem wackeligen Campingtisch neben dem Windlicht, das den Weihnachtsbaum ersetzen sollte. Dazu ließen wir uns deutsches Vollkornbrot aus Bundeswehrbeständen und amerikanische Dosenleberwurst munden – beides wohlgehütete Kostbarkeiten aus der Vorratskiste –, während über uns die Palmblätter im lauen Tropenwind raschelten und die kantige Kulisse der Maya-Festung wie ein Scherenschnitt gegen den nachtblauen Himmel stand.

Aber wir hätten auch gefeiert, wenn nicht gerade Weihnachten gewesen wäre, denn ein Zusammentreffen mit alten Bekannten ergibt sich selten genug. So hockten wir die ganze Nacht zusammen. Die aufgestaute Flut der Erlebnisse fand endlich ein Ventil. Vor allem wurden Erfahrungen ausgetauscht und verglichen. Von verbrannten Ventilen war die Rede, von Straßenzuständen, Grenzproblemen, und daß das Wetter daheim ganz scheußlich sein sollte. Die beiden Bayern erwähnten auch zum ersten Mal das Gerücht, man könne auf dem Landweg von Mittel- nach Südamerika gelangen. Die seit Jahren geplante Straße durch den berüchtigten Dschungel von Darien solle zwar noch nicht ganz fertig sein, aber man könne es schon versuchen. Es seien allein die Schiffahrtslinien, die verhindern wollten, daß diese Information durchsickerte. Für den Panamericana-Reisenden eine kleine Sensation, denn bisher hatte die Traumstraße einen erheblichen Schönheitsfehler: zwischen Panama und Kolumbien war sie für 250 Kilometer unterbrochen. Wer den Sprung nach Südamerika wagen wollte, mußte mit langen Wartezeiten und hohen Verschiffungskosten rechnen. Wir waren voller Hoffnung, aber auch Skepsis. Wir hatten niemanden getroffen, der es wirklich versucht hatte, und wußten, daß erst vor wenigen Jahren eine englische Expedition mehrere Monate für die Durchquerung benötigt hatte. Trotz Spezialfahrzeugen, generalstabsmäßiger Planung und Versorgung aus der Luft gingen fünf Fahrzeuge verloren, und drei Mitglieder fanden in trügerischem Treibsand den Tod. Ehe wir den teuren Dampfer buchten, so nahmen wir uns jedenfalls vor, wollten wir uns auf alle Fälle persönlich von der Existenz der Straße überzeugen.

Durch die Bananenrepubliken

Grenzen in Lateinamerika haben immer etwas Unberechenbares. Meistens nähert man sich ihnen mit einem unguten Gefühl in der Magengrube und atmet erleichtert auf, wenn man sie im Rücken hat. Das erlebten wir zum ersten Mal, als wir nach Belize, dem ehemaligen British Honduras, kamen. Der Grenzübergang von Mexiko in diesen Zwergstaat an der Karibik, der knapp 150 000 Einwohner zählt, ist bei allen Individualreisenden gefürchtet. Wer den Zöllnern nicht paßt, wird kommentarlos zurückgeschickt. Schon mehrfach hatten uns Betroffene erbost davon berichtet. Arrogant und im Bewußtsein ihrer Macht, spielen sich die jungen, schwarzen Zöllner zeitweise wie Despoten auf. So griffen wir wieder einmal in unsere Trickkiste. Frisch rasiert und angetan mit Tropenanzug und Krawatte, den schwarzen Diplomatenkoffer lässig in der Hand, betraten wir betont forsch die Abfertigungsbaracke. Drei junge Deutsche, langhaarig und vollbärtig, traten eben geknickt durch die Tür. „Vielleicht habt ihr mehr Glück, uns mochten die Typen nicht. Aber so geschniegelt wie ihr aussehst . . .“ Wir schämten uns richtig, aber schließlich wollten wir hier keine Weltanschauung zum Besten geben, sondern nach Südamerika kommen, und das möglichst reibungslos. Die Wagen- und Gesichtskontrolle überstanden wir unbeschadet, aber auch wir kamen nicht darum herum, unsere gesamte Barschaft vor den Augen aller Grenzgänger auf den Tisch zu zählen – ein heller Wahnsinn, wo doch sonst im täglichen Leben jeder gelernt hat, wenn überhaupt, nur kleine Münzen zu zeigen. Wir dachten natürlich auch an den amerikanischen Touristen der kurz hinter dieser Grenze deshalb überfallen und ausgeraubt worden war. Wenigstens machte diese Geschichte im „Touristenfunk" immer wieder die Runde. Für die nächsten Stunden ließen wir an diesem Abend den Rückspiegel nicht mehr aus den Augen. Ohne Licht rollten wir in der Dunkelheit auf einen kleinen Platz am Rande eines Dorfes. Unser Geld versteckten wir vorübergehend hinter der Innenverkleidung. Nur 25 000 Mark ließen wir griffbereit in der Stahlkassette. Eventuelle Banditen hätten daran aber wenig Freude gehabt, es sei denn, sie sammelten zufällig deutsches Inflationsgeld aus den zwanziger Jahren!

Belize ist wohl das merkwürdigste Land Mittelamerikas. Die Hauptstraße windet sich als schlaglochübersäter Feldweg durch tropischen Wald und sumpfige Ebenen nach Belize City, der größten Stadt des Landes. Mit ihren schiefen Holzhäusern, von denen die Farbe abblättert, wirkt sie wie ein Provisorium, ganz so,

Die Hauptstraße von Belize!

als hätten Schiffbrüchige sich aus den Resten ihrer gestrandeten Fahrzeuge notdürftig Unterkünfte gezimmert. Mitten durch die Stadt verläuft ein breiter Abwasserkanal, der sich nur mit zugehaltener Nase überqueren läßt. In den Geschäften aber biegen sich die Regale unter preisgünstigen europäischen Konserven und dem besten Karibik-Rum, den wir je probiert haben.

„Lieber ein Jahr Belfast als eine Woche Belize" verlieh ein britischer Soldat seiner Stimmung Ausdruck. Das fanden wir nun doch etwas übertrieben, aber offenbar macht ihm akute Lebensgefahr weniger aus als tödliche Langeweile. Nur die Anwesenheit britischer Truppen konnte bisher eine bewaffnete Auseinandersetzung mit Guatemala verhindern, das sich nur zu gern Dschungel und Küste einverleiben möchte. An sich ist Belize bettelarm, den früheren Reichtum, tropische Edelhölzer, haben die Engländer längst abtransportiert, aber nun soll angeblich Öl gefunden worden sein. Eine Nacht verbrachten wir außerhalb der Stadt am Strand, dicht neben einer getarnten Stellung, von der die Briten Küste und Himmel überwachten. Die vielen winzigen Stechfliegen ließen sich von den Maschinengewehren, Funkanlagen und anderem Kriegsgerät wenig beeindrucken und feierten in unserem Wagen, trotz der bisher so bewährten Moskitofenster, ein rauschendes Fest. Touristenblut, solange der Vorrat reicht. Am nächsten Morgen verabschiedeten uns die Soldaten mit einer randvollen Proviantkiste: Gulasch, Corned beef, Hühnerfrikassee und Pulverkaffee Ihrer Majestät der Königin von England – köstliche Dinge, die den „Platz der Stechfliegen" im nachhinein verklärten.

Die wiederholte Verwüstung von Belize City durch Wirbelstürme veranlaßte die Regierung, etwas abseits der Hurrikan-Bahnen eine neue Hauptstadt aus dem Busch zu schlagen, die den Namen Belmopan trägt. Bisher konnten sich allerdings erst 3000

Bewohner mit der neuen Metropole anfreunden. Auch die Regierung, die von einem gewaltigen, pyramidenartigen Verwaltungspalast aus die Geschicke des Landes lenkt, hat sich noch nicht so recht etabliert.

„Am sichersten trifft man einen Beamten dienstags oder mittwochs an", erzählte uns ein englischer Farmer aus der Umgebung, „allerdings nur zwischen 10 und 12 Uhr", fügte er einschränkend hinzu.

Auf der Suche nach Trinkwasser wandten wir uns schließlich hilfesuchend an die Feuerwehr. Aber auch dort gaben die Hähne keinen Tropfen her. Kurzerhand wurde ein Löschzug gestartet und aus der Halle gefahren, Schläuche ausgerollt und Pumpen angeworfen. Es hatte wohl in Belmopan länger nicht gebrannt,

Wasserbeschaffung in Belmopan

denn das Wasser schmeckte abgestanden und nach altem Gummi, so daß wir den Tee in den nächsten Tagen stärker aufbrühen mußten.

Allein wegen Guatemala lohnt es sich, nach Mittelamerika zu fliegen. Bisher stand das Land ganz im Schatten des benachbarten Mexiko und hat sich deshalb noch seine Ursprünglichkeit bewahren können. Nirgendwo entlang der „Traumstraße" geben sich die Indianer selbstbewußter und freundlicher, bieten die Märkte ein farbenprächtigeres Bild, umweht die Ruinenstädte ein größerer Zauber. Und wer Jagd macht auf handwerkliche Arbeiten wie bestickte Hemden oder Ponchos, findet in Guatemala sein Dorado. Auch die Vulkanlandschaft gehört zu den eindrucksvollsten der mittelamerikanischen Landbrücke. Mit dreißig Kegeln legt sich die Bergkette wie ein Riegel vor die pazifische Küste. Aber das Land hat einen hohen Preis für diese Naturschönheit zu zahlen. Das Erdbeben von 1976 ist noch in frischer Erinnerung.

Wir hatten das Land gerade vor drei Wochen verlassen und warteten in Panama auf unsere Verschiffung nach Südamerika, als wir ein junges Schweizer Pärchen mit einem Landrover trafen, den das obligate weiße Kreuz auf rotem Grund schmückte.

„Es war einfach schrecklich", erzählten sie uns. „Wir campierten gerade auf freiem Feld, als es in der Erde plötzlich zu rumpeln anfing. Und dann spürten wir, wie das Erdbeben auf uns zukam. In Wogen rollte es heran und ließ uns alle samt Wagen, Wohnanhänger und Bäumen ringsum wie auf einem Trampolin auf und ab hüpfen. Dabei wäre fast der schwere Geländewagen umgekippt. Aber dann geschah ein Wunder. Obwohl alle Straßen aus dem Unglücksgebiet für Zivilfahrzeuge sofort gesperrt waren und sich schon lange Kolonnen gebildet hatten, wurden wir vorbeigewinkt. Das Schweizer Kreuz hat uns gerettet – sie dachten, wir wären im Rotkreuz-Einsatz!"

Eine gualtemaltekische Schönheit

Aber auch im benachbarten Nicaragua kommt die Erde nicht zur Ruhe. Erst vor wenigen Jahren hatte eine Welle von Erdstößen die Hauptstadt Managua ausgelöscht und eine gespenstische Szenerie hinterlassen. Block um Block, straßauf, straßab – alles nur Grünflächen, aber sauber von Asphaltstraßen durchzogen. Hin und wieder eine ausgebrannte Ruine, die Fassade über den leeren Fensterhöhlen noch rauchgeschwärzt. Mitten im ehemaligen Zentrum ein Wolkenkratzer, der hielt, was seine Architekten versprachen: er blieb unbeschädigt stehen. Dennoch fraßen Spitzhacke und Bagger an seinen Mauern, denn was soll man mit einem Hochhaus fern in der Provinz? Hier jedenfalls darf nie mehr etwas gebaut werden. Neben der Hauptpost, einem massiven viktorianischen Gebäude mit nur einigen Rissen im Mauerwerk, parkten die vertrauten gelben VW-Busse der Deutschen Bundespost. Die Besatzung fanden wir gleich in der Nähe in einem provisorischen Bretterrestaurant bei Cola und Bier. Ob denn die Post ihre Auslandsbriefe neuerdings selbst austrägt, wollten wir wissen,

Managua nach dem Erdbeben

Der „Westentaschenvulkan" in der Nähe von Managua

und kamen so ins Gespräch mit einer ganzen Gruppe von Fernmeldetechnikern, die das Telefonnetz von Neu-Managua verlegen sollte.

Die Stadt, oder besser gesagt, die Menschen, die das Erdbeben überlebt hatten, und ihre provisorischen Behausungen, fanden wir auf den Höhen des Talkessels wieder. Der nachmittägliche Berufsverkehr hatte eingesetzt, lachende und diskutierende Menschen zogen vorüber, auf der Kreuzung regelte ein Polizist den Verkehr. Wenn man nicht so genau hinschaute, wirkte alles genauso normal wie in jeder beliebigen mittelamerikanischen Stadt. Tröstlich, wie sich der Mensch trotz größtem Elend immer wieder anzupassen vermag!

Einer der Fernmeldetechniker hatte einen – buchstäblich – brandheißen Tip für uns: es gebe einen „Westentaschenvulkan" gleich in der Nähe, auf den man sogar mit dem Wagen hinauffahren könne. In Serpentinen zog sich ein schmaler Weg einige

Kilometer durch Asche und Lavafelder; kein Gras, kein Strauch, nur hin und wieder ein Baumgerippe. Wir brauchen nicht lange zu suchen, Schwaden giftig riechender Schwefeldämpfe wiesen uns den Weg zum Krater. Zum ersten Mal in unserem Leben konnten wir einen Blick ins Erdinnere werfen. Tief unten im Krater brodelte bedrohlich glutrotes Magma. Die Oberfläche kam nie zur Ruhe, bald sank oder stieg der Spiegel um einige Meter, bald wurden Magmafetzen wie von Sturmböen hochgewirbelt. Senkrecht erhoben sich die Basaltsäulen des Schlots, an dessen Wänden sich alle Regenbogenfarben und tiefes Schwarz wiederfanden. Saint-Exupérys kleiner Prinz, der ja auch solch einen Klein-Vulkan besaß und ihn immer kehren mußte, hätte seine Freude daran gehabt. Etwas nachdenklich machten wir uns auf den Rückweg. „Woher haben die Managuer nur den Mut genommen, nicht weit von hier wieder ihre Hauptstadt aufzubauen", fragten wir uns. Aber letztlich ist es weniger eine Frage des Mutes als der geographischen Bedingungen. Mittelamerika ist nur ein schmaler Streifen Land zwischen zwei Meeren.

Wie Glieder einer Kette reihen sich die winzigen Bananenrepubliken entlang der Panamericana: Guatemala, Honduras, El Salvador, Nicaragua, Costa Rica. Nicht selten dauert die Grenzabfertigung länger als die Fahrt durch den ganzen Staat. Trotz gleichartiger Landschaft, die von den Gegensätzen Küste – Bergland geprägt wird, hat jede Nation ihren eigenen Charakter. Honduras erscheint menschenleer, El Salvador als ein wimmelnder Ameisenhaufen; San Juan gibt sich als lebendige Metropole, Tegucigalpa als verschlafene Provinzstadt.

Unternehmen „Hippodrom"

Erst in Panama erfuhren wir, daß von einer Straße durch den Dschungel, wenigstens auf kolumbianischem Gebiet, nicht die Rede sein konnte. „Es bleibt nur das Schiff, und darauf warten wir schon drei Wochen", erklärten Franz und Dieter aus dem Stuttgarter Raum, die mit einem gelben, ehemaligen Postauto unterwegs waren. Mißmutig teilten sich die beiden den spärlichen Schatten eines kleinen Baumes auf dem Parkplatz einer weiträumigen Sportanlage. Unter dem Namen „Hippodrom" war er mit dem Segen der Stadtverwaltung zum Treff- und Sammelpunkt

Im „Hippodrom", dem Treff- und Sammelpunkt der „Panamericaner"

aller „Panamericaner" geworden. „Aber irgendwie wird es schon weitergehen", versuchten sie uns Mut zu machen. Dabei wären sie es, die getröstet werden müßten. Am Vortag hatte man sie in einer dunklen Ecke der Innenstadt überfallen, ihnen die Pässe geraubt und aus reiner Gemeinheit dann auch noch Dieters Brille zertreten. „Schlimm, die Leute hier. Und ein Dreck! Aber geht mal in die Kanalzone; alles pieksauber und gepflegt. Ein richtiges Klein-Amerika!"

Was blieb uns anderes übrig: wir warteten mit ihnen, schielten neidisch auf das benachbarte Schwimmbad, das wir aus „hygienischen Gründen" ohne amtsärztliche Untersuchung nicht betreten durften, schrieben ellenlange Briefe, überholten unsere Autos und unternahmen Ausflüge zum Panamakanal. Wenn die stechende Sonne unterging, versammelte man sich vor den Wagenburgen und beratschlagte. Der nächste Passagierdampfer der Italien-Linie würde erst in drei Wochen anlegen. „Aber der ist leider schon ausgebucht, vielleicht versuchen Sie es noch mal in vierzehn Tagen", vertrösteten uns die Reisebüros. Auch die Gerüchte von der Luftfracht nach Kolumbien und dem Holztransporter eines deutschstämmigen Sägewerksbesitzers – unsere letzte Hoffnung – bewahrheiteten sich nicht. Jeden Tag kamen neue Wagen, die immer mit großem Hallo begrüßt wurden. So verwandelte sich der sonnendurchglühte Parkplatz des Hippodroms langsam in ein Nomadenlager und darüber hinaus an den Wochenenden zu einem exotischen Ausflugsziel der einheimischen Bevölkerung. „Schau mal, Kleines, das sind alles arme Europäer ohne Arbeit, Wohnung und Familie . . ."

Und dann tauchte plötzlich ein gewisser Mr. Brown auf, ein windiger Schiffahrtsagent, der uns eine billige Passage nach Südamerika versprach. Er hätte ein modernes Küstenmotorschiff zu verchartern für nur 6000 Dollar! Wie sich jetzt herausstellte, war der „harte Kern“ des Hippodrom auf nur sechs Fahrzeuge zusammengeschmolzen. Viele hatten es sich inzwischen anders überlegt, sie wollten ihren Wagen beim panamesischen Zoll stehenlassen und zu Fuß weitermachen oder über Land zurückfahren. Einige versuchten auch das Unmögliche: ihren Wagen zu verkaufen – schwarz, versteht sich. Jedenfalls war Mr. Browns Forderung völlig unmöglich, und es hieß weiter warten. „Er ließ sich nun immer häufiger sehen, und jedesmal sank der Preis. Nach alter Händler Sitte taten wir desinteressiert, waren innerlich aber voller neuer Hoffnung, den Sprung nach Südamerika nun doch zu schaffen. An den strategischen Punkten der Stadt, der Hauptpost, dem Supermarkt, der Zollverwaltung, postierten wir tagsüber einen Wagen, um weitere Anwärter für die Verschiffung zu gewinnen. Schließlich waren neunzehn Fahrzeuge aus über zehn Ländern versammelt: Schweizer, Deutsche und Nordamerikaner ebenso wie Peruaner, Kolumbianer und Israelis; ein wahrhaft internationaler Trupp von Autonomaden. Zähe Verhandlungen begannen. Intern aber lautete die Parole: Jetzt oder nie! *Aldebaran* war der Name des schmucken Küstenmotorschiffs. Was tat es, daß es sich bei näherem Hinsehen in einen alten Rosteimer verwandelte und der ehemalige Maschinist, den wir zufällig in der verräucherten Hafenbar antrafen, mit schwerer Zunge düster prophezeite: „Jungs, laßt die Finger davon. Die Maschine macht's keine Stunde mehr. Glaubt mir, ich muß es doch wissen!“ Auch die Hiobsbotschaft, unser Schiff läge wegen Steuerschulden an der Kette, konnte niemanden mehr erschüttern. Zuversichtlich begannen wir den Papierkrieg, unterschrieben Formulare, besorgten Bescheinigungen und leisteten die ersten Anzahlungen. Irgendwann war es dann soweit: Alle Fahrzeuge parkten an der Pier. Mit Netzen und Stricken versuchten die Schauerleute, die Wagen zu verladen, aber sie waren wohl nur Fischkisten gewöhnt.

Gleich am ersten Wagen wurde der Spiegel abgebrochen, der zweite erhielt eine kräftige Beule am Heck, und als der dritte Wagen aus dem Netz zu rutschen drohte, ergriffen wir Touristen die Initiative. Erst auf unser Kommando durfte jetzt die Dampfwinde starten, und nur mit unserer Zustimmung die empfindliche Fracht in den Schiffsbauch abgesenkt werden. Die letzten Autos wurden an Deck verzurrt, die Luken geschlossen, und spätabends klatschten die Leinen ins Wasser. Wir hatten das Rennen gegen die Ebbe knapp gewonnen und liefen mit nur einigen Zentimetern Wasser unter dem Kiel aus.

Wir zählten 19 Autos an Bord und 53 Passagiere aus 13 Nationen, vom bolivianischen Professor für Quechua bis zum „Bunny" eines Playboyclubs. Kaum versanken die Lichterketten von Panama City hinter dem Horizont, zog sich alles in die

Verladepier in Panama City

Die Verladung ist Millimeterarbeit

Camper zurück und versuchte, es sich so gemütlich wie möglich zu machen. Aber wen es unter Deck verschlagen hatte, der wurde seines Lebens nicht mehr froh. Mancher mochte zuerst Romantik empfunden haben – mit seinen vertrauten vier Wänden so tief unten im Schiffsbauch. Aber nachdem es erst einmal ruhiger geworden war, kamen Heerscharen riesiger Kakerlaken aus allen Ecken gekrochen. Glitt der Strahl der Taschenlampe über die feuchten Stahlwände, stoben sie laut raschelnd auseinander. Mancher ließ ahnungslos seine Abwässer in die Bilge dicht unter uns laufen; so dauerte es nicht lange, bis pestilenzartiger Gestank den Raum erfüllte. Aber nach der Spannung der vergangenen Tage und Wochen waren alle froh, wieder unterwegs zu sein. Bei leichter Dünung hielten wir Kurs auf Südamerika. Es war gut, daß keiner von uns wußte, wie der Empfang aussehen würde.

Buenaventura, nachts, ein Uhr dreißig. Wir liegen auf Reede und blinzeln in die Lichter der Stadt. Das also ist Kolumbien, Südamerika! Immer wieder geht der Blick zur Uhr. Noch eine Stunde Wacheschieben. Wir beugen uns über die Bordwand und

Überfahrt auf der Aldebaran

leuchten in das ölige Schwarz, in dem die *Aldebaran* träge dümpelt. Wir sind gewarnt. Bei uns sollen die Piraten keine Gelegenheit haben, unbemerkt das Schiff zu entern und die schlafenden Touristen zu überfallen, wie angeblich auf einer der vorherigen Reisen. Wie ernst auch andere das Piratenunwesen an den Küsten Kolumbiens nehmen, zeigen zwei vor uns liegende 10 000-Tonnen-Frachter aus Schweden. Die ganze Nacht über brennen die Scheinwerfer an den Masten und legen einen gleißenden Lichtteppich um die Schiffe. Alle Bullaugen sind verriegelt, das Fallreep hochgezogen und die Wachen verstärkt.

Was in dieser Nacht noch niemand ahnte: Schon vier Wochen später, auf der nächsten Reise, sollte das Schicksal der *Aldebaran* besiegelt sein. Ob sie wegen mangelnder Navigationskenntnisse der Besatzung oder wegen eines absichtlich falsch gesetzten Leuchtfeuers auf ein Riff lief, ist nicht überliefert. Fest steht: Irgendwo zwischen Panama und Buenaventura versank sie und mit ihr eine ganze Ladung hoffnungsvoll eingeschiffter Touristenautos.

Drei Tage liegen wir jetzt schon im brackigen Wasser der Flußmündung – die Hafenarbeiter streiken. Während immer neue Gerüchte die Runde machen, starren wir mit Ferngläsern auf die Kaianlagen und summen nicht ohne Ironie „Wir lagen vor Ma-da-gaskar . . ." Erst jetzt mochte dem einen oder anderen aufgegangen sein, worauf wir uns eingelassen hatten. Es hatte besorgte Gesichter gegeben unterwegs. Nein, nicht wegen der zweimal aussetzenden Maschine auf hoher See, als sich unvermutet eisige Stille über das Schiff gelegt hatte, bis wir hörten, wie im Maschinenraum jemand Metall mit dem Hammer bearbeitete. Nein, Unruhe war erst aufgekommen, als wir am Kielwasser merkten, daß wir im Kreise fuhren. Und dann wurde hinter vorgehaltener Hand getuschelt. Zum Glück tauchte bald ein

SÜDAMERIKA
Reiseroute
mit dem Auto
mit dem Schiff
Stadt, Ort
antike Stätte
Fluß
Grenze
0
500
1000 km
KUBA
JAMAICA
HAITI
DOM. REP.
Karibisches Meer
Atlantischer Ozean
NICARAGUA
COSTA RICA
PANAMA
Maracaibo-See
Maracaibo
Caracas
VENEZUELA
Orinoco
El Dorado
Gran Sabana
GUYANA
SURINAM
FR. GUA.
Bogotá
Buenaventura
KOLUMBIEN
Quito
ECUADOR
Guayaquil
Oriente
Amazonien
Manaus
Amazonas
Belém
Fortaleza
BRASILIEN
Madeira
Ucayali
Weiße Kordillere
Pucallpa
Masisea
Pôrto Velho
Recife
PERU
Lima
Machu Picchu
Cuzco
Yungas
BOLIVIEN
Salvador
Brasília
Nazca
Titicacasee
La Paz
Sajama
Arica
AUTOVERKAUF
Chaco
PARAGUAY
Pazifischer Ozean
Antofagasta
Atacama-Wüste
Asunción
Iguaçu
São Paulo
Rio de Janeiro
Florianópolis
ARGENTINIEN
Córdoba
CHILE
Santiago
Buenos Aires
URUGUAY
Montevideo
Atlantischer Ozean
Valdés
Moreno-Gletscher
Patagonien
Falkland-I.
Punta Arenas
Magellanstr.
Ushuaia
Feuerland
Kap Hoorn

anderes Schiff auf, trotzdem wollten wir unseren Ohren nicht trauen, als unser Kapitän höchstpersönlich die „Flüstertüte" ergriff und hinüberschrie: „Wo liegt Buenaventura?"

Endlich wurde festgemacht, und innerhalb von zwei Stunden war unser Schiff entladen. Der erste Eindruck von Südamerika: Betonmauern, Stacheldraht, Lagerhallen, riesige Silos. „Aber was geht es uns an; nichts wie weg hier!" Allein, wir hatten nicht mit den Behörden gerechnet. 19 ausländische Autos verlaufen sich nicht jeden Tag hierher – willkommener Anlaß für die Hafenverwaltung, einige Dollars dazuzuverdienen. Pro Tag, Fahrzeug und Tonne Gewicht mußte jeder 2 Dollar Standgebühren bezahlen. Jetzt wußten wir, daß auch unser schlitzohriger Mr. Brown mit den Behörden unter einer Decke steckte, denn er hatte in allen Begleitpapieren trotz unseres Protestes die Gewichtsangaben willkürlich viel höher gesetzt. Mit stolzen vier Tonnen stand unser 1,2-Tonnen-Camper zu Buche.

Aber erst einmal waren wir in einer Ecke des Hafengeländes auf das „Abstellgleis" geschoben. Wie ein Trupp Don Quichottes kämpften wir gegen die Windmühlenflügel kolumbianischer Bürokratie, die uns fest in ihren Fängen hielt. Langeweile kam allerdings nie auf. Als eines Abends für wenige Minuten die Scheinwerfer ausfielen, die wie in einem Gefangenenlager die übermannshohen Mauern beleuchteten, sahen wir schattenhafte Gestalten über die Mauern klettern, Lautsprecher-Stimmen dröhnten, Schüsse peitschten. Ein andermal wurde einer der Touristen, ein hünenhafter Schiffskoch, der stets ein Wurfmesser unter der Jacke trug, blutüberströmt mit dem Krankenwagen aus der Stadt zurückgebracht – Raubüberfall. Ein Mitreisender bekam Gelbsucht, ein anderer Schreikrämpfe und Tobsuchtsanfälle. Ziellos fuhr er im Hafengelände umher, dann war der Tank leer. Aber jeder Tag brachte neu die Hoffnung mit sich: „Heute schaffen wir

Unfreiwilliger Aufenthalt im Hafengelände von Buenaventura

es.“ Irgendwann im Laufe eines Vormittags begann plötzlich fieberhaftes Zusammenpacken, und der Troß setzte sich in Bewegung. Aber nur bis zur nächsten Ecke. In einem kleinen Büro leistete man eine Unterschrift, dann ging's zurück auf den alten Platz. Wir kochten! Das Maß war voll. Wir informierten unsere jeweiligen Botschaften. Am siebten Tage endlich öffneten sich die Hafentore. Wir waren frei und kamen uns auch vor wie Strafgefangene bei der Entlassung. Vor elf Tagen hatten wir Panama verlassen. Die Gruppe, die für die Zeit der Überfahrt zu einer kleinen internationalen Gemeinschaft zusammengewachsen war, verstreute sich noch am selben Abend. Anschriften wurden ausgetauscht, ein paar Worte, Händeschütteln, jemand rief „Weihnachten in Feuerland“, dann waren wir wieder allein.

Nächtlicher Überfall

Nicht nur wegen der Piraten wird Kolumbien von den Touristen gefürchtet, sondern vor allem wegen seiner Straßenräuber, die auch vor Gewalttätigkeiten nicht zurückschreckten, wie man sich in Globetrotter-Kreisen erzählte. „Spielt nicht den Helden“, riet uns ein Deutscher, ein alter Mann, der mit seiner Frau schon dreißig Jahre im Land lebte und bereits mehrfach schlechte Erfahrung machen mußte, „trennt euch lieber freiwillig von eurem Geld.“ Die Tage, an denen wir unbesorgt in freier Natur übernachten konnten, waren vorbei. Schon vor Einbruch der Dunkelheit suchten wir bei Tankstellen oder Polizeistationen Quartier und nahmen für das Gefühl der Sicherheit gern den Straßenlärm in Kauf. Denn nichts ist schlimmer, als die Nacht an einem nicht geheuren Ort verbringen zu müssen. Man schläft leicht und unruhig, horcht dauernd nach draußen, und beim geringsten Geräusch sitzt man aufrecht im Bett. Gewiß, die Morgensonne vertreibt stets alle nächtlichen Beklemmungen, aber unausgeschlafen kann man auch dem schönsten Reiseland nichts abgewinnen.

Allmählich erst legten sich unsere Befürchtungen, ja Vorurteile. Nun sahen wir auch nicht mehr in jedem Kolumbianer einen Banditen und Straßenräuber; im Gegenteil, verglichen mit den Mittelamerikanern, die befangen in ihrem „Gringohaß“ den Ausländern nur zu oft mit unverhohlener Abneigung begegnen, erschienen uns die Kolumbianer als die freundlichsten Menschen der Welt. Wir wurden weder bedroht noch überfallen noch ausgeraubt. Sollten die Schauergeschichten von Banditen noch aus den Jahren der *violencia,* der Zeit des Bürgerkrieges, stammen, oder hatten wir einfach Glück gehabt?

An dem Tag, an dem wir Kolumbien den Rücken kehren konnten und in Cucutá die Grenze nach Venezuela überschritten, fühlten wir uns beschwingt und beschlossen, ab heute wieder „in der freien Prärie“ zu übernachten. Abseits der Straße, in ländlicher Gegend, glaubten wir spätabends den rechten Platz dafür gefunden zu haben. Ein kleiner, glasklarer Bach plätscherte, Grillen zirpten, und ein Feuerchen vertrieb mit seinem Rauch die Mücken, sofern es hier überhaupt welche gab – kurz, ein idyllischer Ort, an dem wir zwei Tage bleiben wollten, um uns endlich einmal auszuschlafen und die längst fällige Wäsche zu waschen. Diese Nacht würden wir endlich wieder friedlich und ohne Lärm schlummern können.

Rabenschwarze Nacht.

„Wie spät?“

„So gegen zwei Uhr.“

„Hast du das Geräusch auch gehört?“

„Welches Geräusch?"

Ein dröhnender Schlag auf den Wagen, die Antwort erübrigt sich.

„Überfall!"

Von außen wird an den Türen gerüttelt, jemand versucht, die Scheiben einzuschlagen, Männerstimmen. Alles weitere geschieht automatisch in wenigen Sekunden wie vorprogrammiert. Sprung auf den Fahrersitz, der Zündschlüssel steckt, Motor starten, Licht an, Vollgas! Gut, daß wir immer abfahrbereit stehen! Aufheulend macht der Wagen einen Satz nach vorn. Einige Gestalten versuchen sich festzuklammern, aber das Gebüsch streift sie ab. Zwei Männer mit großen Hüten stehen plötzlich im Scheinwerferkegel, sehen verwegen aus und schwingen Knüppel über dem Kopf – gottlob keine Gewehre! Voll drauf! Sie springen zur Seite, und nun brausen wir den schmalen Feldweg entlang, der uns wieder auf die Hauptstraße bringt.

Endlich sind wir wieder auf dem Asphalt, in Sicherheit. Nur langsam will sich der Puls beruhigen, vermag der Verstand zu begreifen, was sich in den letzten Minuten abgespielt hat.

„Wieso sind noch alle Scheiben heil?"

„Das müssen Anfänger gewesen sein!"

„Sonst hätten sie auch die Reifen zerstochen."

„Gut, daß wir nicht wenden mußten und alle Türen verriegelt waren!"

„Wir haben Schwein gehabt."

An Schlaf dachte jetzt keiner von uns. Dieses eine Mal wollten wir unseren ehernen Vorsatz, nie bei Nacht zu fahren, brechen und erst rasten, wenn der neue Tag begann.

Venezolanische Impressionen

Tief unten im Maracaibo-See, einer allmählich verlandenden Bucht zwischen den Ausläufern der Anden, liegt die Quelle venezolanischen Reichtums, dem wir die niedrigsten Benzinpreise unseres Lebens verdanken: zehn Pfennig pro Liter! Rostige Bohrtürme säumen die Ufer und schieben sich wie ein stählerner Wald in das seichte Wasser. Unermüdlich wippen Pumpen mitten in Dörfern, neben der Straße, auf Viehweiden. Endlose Rohrleitungen überqueren Gräben und Flüsse, begleiten den Fahrdamm und versinken im Uferschlamm. Wo einst Pfahlbaudörfer die ersten Seefahrer entzückt hatten, die dem Land seinen Namen („Klein-Venedig“) gaben, schlingern heute Versorgungsboote im ölschillernden Wasser.

Vaqueros in den Llanos von Venezuela

Auf dem Weg nach El Dorado

Aber das Land hat auch seine Schönheiten, draußen in den Llanos, den weiten Grasebenen zwischen Anden und Regenwald. Es ist die Welt der Weidezäune, Rinderherden und Cowboys, die hier *vaquero* heißen. In inselhaft verstreuten Baumgruppen nisten Reiherkolonien, Alligatoren lauern in Sumpfniederungen und liegen auch manchmal, wie andernorts Hunde und Katzen, überfahren am Wegesrand.

Auf einer Urwaldpiste, die uns nach El Dorado und weiter zu den Tafelbergen der Gran Sabana fern im Osten des Landes bringen sollte, versperrte uns nach einer Wegbiegung plötzlich eine Barriere den Weg. An die vielen, meist recht arroganten und unfreundlichen Kontrolleure unseres Gastlandes hatten wir uns inzwischen fast gewöhnt. Es waren Soldaten, die im Gras saßen, Zigaretten rauchten, aber die Maschinenpistole griffbereit im Schoß hielten.

„Buenas dias, señores, hier unsere Pässe." Demonstrativ schalten wir den Motor aus. Es hat Methode, bei solchen Anlässen Ruhe mitzubringen und nicht etwa nervös mit dem Gaspedal zu spielen. Mit europäischer Hektik erreicht man in Lateinamerika nur das Gegenteil: sture Gelassenheit. Unser Wagen wird durchsucht, sehr gründlich, wie uns langsam bewußt wird. An jeder Tür wühlen Soldaten. Das verstößt gegen unser Prinzip, stets die Übersicht zu behalten. „Bitte eins nach dem anderen." Freundlich aber bestimmt schließen wir bis auf die große Heckklappe alles ab. Unsere Quälgeister sind nicht zufrieden, man sieht es ihren Gesichtern an. Stück um Stück unserer Einrichtung wandert ins Freie. Wäsche, Lebensmittel, Fotoausrüstung und Bücher – alles liegt im Dreck.

„Schade, daß kein anderes Fahrzeug kommt, die haben Zeit wie Heu."

„Schau den Typen auf die Finger, damit die uns kein Kuckucksei ins Nest legen."

Als hätten sie unser Getuschel verstanden, fragt jetzt der Anführer, ein Zivilist mit Lederjacke und Pistolenhalfter: „Besitzen Sie Drogen?"

„Nein, und damit wollen wir auch nichts zu tun haben."

„Aber Sie haben doch Medikamente!" bohrt er weiter.

Nun haben wir zwei Medizinkisten im Fahrzeug. Eine große, von einem befreundeten Arzt sorgsam zusammengestellt, mit Injektionsspritzen gegen Schock und Schlangenbiß. Die liegt wohlweislich im Geheimversteck. Aber zum Vorzeigen gibt es noch eine kleine, eine unverfängliche Sammlung gegen Alltagswehwehchen. Leichten Herzens zeigen wir sie vor. Aber nun ist wohl der Ehrgeiz erwacht. Jedes Röhrchen wird aufgemacht, daran gerochen.

„Was ist das?"

„Das ist gegen Kopfschmerzen."

Kurzes Lecken an einer Pille. „Und was ist das?"

„Gegen Durchfall."

Schadenfrohes Grinsen reihum.

„Was ist das?"

„Das ist gegen Husten."

Vorsichtiges Lutschen an einer Pastille.

„Jetzt schlägt's aber dreizehn. Schluß mit der Vorstellung!" Wütend werfen wir die angebrochene Packung ins Gebüsch. Mit schnellen Griffen befördern wir unser Eigentum wieder in den Wagen und schließen ihn ab. „Wir wollen zu Ihrem Vorgesetzten", fordern wir energisch.

„Con mucho gusto – aber gern doch." Ein Soldat quetscht sich neben uns, drei weitere stellen sich auf die hintere Stoßstange, und ab geht es, den Berg hoch, in ein stark gesichertes Lager. Der Hauptmann, glatt rasiert und parfümiert, mit öligem Haar, reicht uns überfreundlich die Hand.

„Willkommen im Lager, willkommen in Venezuela", begrüßt er uns überschwenglich. Der Wagen sei von seinen Männern durchsucht, und nun könnten wir weiterfahren. Ob wir eine

Beschwerde hätten? Oh, die Wahrheit wollen wir ihm jetzt entgegenschleudern, daß man doch solche ungebildeten Wegelagerer wie die da unten nicht auf zivilisierte Touristen loslassen dürfe, womit wir harmlosen Reisenden denn derartige Schikanen verdient hätten? Aber er läßt uns keine Zeit zum Vokabelnsuchen.

„Die Deutschen", fällt er uns ins Wort, „sind immer mein Vorbild gewesen. Ich verehre ihr soldatisches, kämpferisches Wesen, ihre Disziplin. Wenn sie ihren großen Führer Adolf Hitler noch hätten, wäre heute manches besser in der Welt." Schon stehen wir beide halb betäubt wieder draußen und verlassen das Lager, wie wir gekommen sind, mit drei Soldaten auf der Stoßstange und einem neben uns. „Adios" klingt es hämisch hinter uns her.

Im noch kaum erschlossenen Landesinnern, dem „Interior", hat sich wenig verändert, seit Alexander von Humboldt es vor mehr als 180 Jahren durchstreifte. Häufig kreuzten wir den Weg dieses großen deutschen Naturforschers, der noch heute in Südamerika als der zweite Kolumbus gefeiert wird; viele deutsche Schulen tragen seinen Namen. Eine bronzene Plakette mit seinem Porträt fanden wir über dem Eingang eines gähnenden Loches in der üppig bewaldeten Felswand unweit des kleinen Ortes Caripe. Das domartige, sich im Dunkel verlierende Gewölbe der Vorhalle ist von ohrenbetäubendem Lärm erfüllt. Tausende von Guacharo-Vögeln kleben unter der hohen Decke und warten auf die Abenddämmerung. Dann schwebt und flattert ein nicht enden wollender Zug hinaus zu den Futterbäumen des Urwalds. Erst im Morgengrauen wird der riesige Schwarm der Fettsteißvögel, wie sie auch genannt werden, durch Ultraschall, ähnlich wie Fledermäuse, zurückfinden und im Dämmer der Höhle den Tag verschlafen. Barfuß und mit Fackeln in der Hand stiegen wir durch knöcheltiefen Vogelkot in die Tiefe. Wir schoben uns durch schmale Gänge, kletterten über glitschige Felsen, zwängten uns in enge Spalten und wateten durch eiskalte Bäche. Das Gezeter der Vögel blieb bald zurück, nur das Tropfen von Wasser war zu hören und der hohle Klang unserer Stimmen. Gespenstisch zuckte der Widerschein unserer spärlichen Beleuchtung durch das unterirdische Labyrinth der Stalagmiten und Stalagtiten. Seit einige Touristen in dem noch wenig erforschten Höhlensystem verschollen sind, müssen sich alle Besucher einem Führer anvertrauen. Wie lebensnotwendig diese Vorschrift ist, begriffen wir, als wir schon nach wenigen Metern die Orientierung verloren hatten und ganz auf unseren kleinen drahtigen Venezolaner angewiesen waren, der sich hier unten auskannte wie in seiner Hosentasche. Im Unterbewußtsein stellte sich die bange Frage, was wohl passieren würde, wenn die Fackeln plötzlich verlöschten oder unser Führer uns im Stich ließe. Aber glücklicherweise wurde dieser Alptraum keine Wirklichkeit.

Durch die Anden

Zwei große Landschaftsformen verkörpern für uns Europäer den Kontinent Südamerika: der Urwald des Amazonas und die Bergkette der Anden. Auf dem Weg aus dem fruchtbaren Cauca-Tal hinauf nach Bogotá, der Hauptstadt Kolumbiens, hatten wir zum ersten Mal Bekanntschaft gemacht mit den kurvenreichen Bergstraßen und ihren langen, nicht enden wollenden Steigungen. Von nun an sollten sie für viele Monate unseren Reisealltag bestimmen, von nun an war das Autofahren ein mühevolles, unablässiges Kurbeln am Steuer, Zurückschalten und Bremsen. „Costa" und „selva" – Küsten- und Waldregionen – hatten wir schon kennengelernt. Nun erwartete uns die „sierra“, die Bergwelt, als letzte der drei Großlandschaften, die allen Andenländern gemeinsam sind.

Als schmales Band windet sich die Staubpiste von der Küste kühn ins Hochland hinauf. Schon nach wenigen Stunden Fahrt geht der Blick weit ins Land auf schroffe Gebirgszüge, die von hier oben wie zerknittertes, braunes Packpapier aussehen. An steilen Wänden klebend, bietet die Straße häufig nur Platz für einen Wagen. Vorsichtig tasteten wir uns durch Haarnadelkurven, immer darauf gefaßt, plötzlich in das bullige Gesicht eines Lastwagens zu blicken. Weithin hörbar hing das Echo unserer Hupe zwischen den kahlen Bergen. Die Begegnung mit einem anderen Fahrzeug war jedesmal mit Aufregung verbunden. Die schweren Lastwagen, hoch mit Kisten, Säcken und Indios beladen,

Die Staubpiste windet sich als schmales Band die Anden hinauf

Die schweren LKWs sind immer hoch beladen

meiden die äußere Kante der Fahrbahn, die nach Regenfällen weich und nachgiebig sein kann und schon manchem Wagen zum Verhängnis wurde. Mit Herzklopfen und starr geradeaus sehend, schoben wir uns einen Fußbreit am Abgrund entlang, die Hand an den Türgriff geklammert, um im Notfall noch abspringen zu können. Auf der anderen Seite kam die Holzwand eines Lastwagens bedrohlich näher, und im Vorbeiziehen grinste der Fahrer, häufig ein rotbackiger Indio, fröhlich zu uns herunter. Sie sind geschickte Chauffeure, aber man muß damit rechnen, daß sie wegen Hunger und Müdigkeit unter Rauschmitteln stehen. Später wichen wir bei entgegenkommenden schweren Fahrzeugen auch dann zum Abgrund hin aus, wenn es für uns die falsche Straßenseite sein sollte. Die Indios konzentrieren sich nämlich nur auf die Kante, und ein kleines an die Bergflanke gedrücktes Touristen-Vehikel wird dabei nur zu leicht übersehen und gerammt. Doch trotz aller Vorsicht ereignen sich immer wieder tödliche Unfälle, woran die kleinen Kreuze an jeder dritten Kurve eindringlich gemahnen.

Aber nicht nur die Nerven werden bei Andenfahrten auf eine harte Probe gestellt, auch der Organismus hat seine liebe Not, sich dem häufigen Klima- und Höhenwechsel anzupassen. Nur einmal machten wir den Fehler, ohne Unterbrechung von der Küste bis auf 4200 Meter Höhe zu fahren. So wurde uns der vielgerühmte Sonnenuntergang über der „Weißen Kordillere" Perus durch Brechdurchfälle, Schwindelgefühle und rasende Kopfschmerzen gründlich verdorben. Die ganze Nacht verbrachten wir sitzend in unseren Daunenschlafsäcken, die uns abwechselnd zu heiß oder zu kalt wurden. Immer wieder riß uns Atemnot aus fiebrigem Dämmerschlaf. Durch die Fenster starrte bösartig die schneebedeckte Kette der Sechstausender – eiskalt und abweisend unter fahlem Mondlicht. Lag die laue tropische Nacht, in der wir noch

Die Begegnung mit einem Lastwagen erfordert Nerven und Glück

In 4200 m Höhe Blick auf die Weiße Kordillere

lange vor unserem Wagen sitzen und den Zauber der Ruinenstadt Chan Chan in uns aufnehmen konnten, wirklich erst 24 Stunden zurück? Und sollte dies tatsächlich der gleiche Mond sein, der doch dort unten alles in solch geheimnisvolles, mildes Licht getaucht hatte?

Schwindelerregende, kurvige Staubpisten sind ein Teil des Abenteuers, das den Autoreisenden in Südamerika erwartet – trügerische Flußdurchfahrten ein anderes. Nicht nur auf Nebenstraßen, auch auf den Hauptrouten, wie etwa der „Carretera Central", der großen Nord-Süd-Verbindung durch das Herz der Anden, ist man vor Furten nicht sicher. Allein auf dem Abschnitt zwischen La Paz (Bolivien) und der argentinischen Grenze lauern über 100 Wasserdurchfahrten, die vor allem in der Regenzeit nicht unterschätzt werden dürfen. Nicht umsonst sind Lastwagen und Jeep die gebräuchlichsten Transportmittel außerhalb der Städte – und dann natürlich Maultier, Pferd und Esel. So manche Stunde verbrachten wir damit, ausgefahrene Lastwagenspuren durch eisige Flüsse mit Geröll aufzufüllen und sie damit auch für unseren Kleinbus befahrbar zu machen. Aber Vorsicht! Wer leichtsinnig durch eine vermeintlich seichte Furt braust, ohne sie vorher durchwatet zu haben, begeht eine Todsünde, die sich mit aufgeschlagenem Motor- und Getriebeblock schrecklich rächen kann, von einer abgesoffenen Maschine und dem folgenden Kentern durch Unterspülung ganz zu schweigen. Wasser bis zum Knie durchfuhren wir sorglos, liegt doch der empfindliche Motor durch eine tiefe Sogwelle am Heck außerhalb des Gefahrenbereichs. Aber wir dachten bedauernd an all jene Fahrzeuge mit einer Frontmaschine. Dort lauert der Ventilator nur darauf, die hohe Bugwelle auf die wasserscheue Zündanlage weiterzupumpen und damit einen ungeschützten Wagen unweigerlich zum Stehen zu zwingen. Waren wir uns unserer Sache einmal nicht ganz

Flußdurchfahrten sind ein Abenteuer für sich

sicher, warteten wir auf das Nahen eines Autos, gleichgültig aus welcher Richtung. Nicht etwa nach ihm, nein, vor ihm machten wir uns dann auf den Weg. Falls wir steckenblieben, konnten wir immer darauf rechnen, Hilfe zu erhalten. Flußdurchfahrten sind meist einspurig, und der andere will ja schließlich auch mal weiterfahren ...

Bei der „Stimme Gottes"

„Hier ist HCJB – die Stimme der Anden; Quito, Ecuador." Seit Jahren kannten wir die Sendefrequenzen dieser mächtigen Kurzwellenstation auswendig, die ein vielsprachiges Missionsprogramm gekonnt in touristische Informations- und Folkloresendungen aus Ecuador zu verpacken versteht. Schon zu Hause hatte die Sprecherin der deutschen Abteilung, Sally Schroeder, unser Fernweh mit Flötenmusik aus den Anden und schwermütigen Indioweisen beflügelt. Unter Quito, Ecuador, stellten wir uns eine geheimnisvolle, ferne Stadt hoch oben in der unzugänglichen, eisigen Andenwelt vor, in der die kleinen Alltagssorgen ganz von einem abfallen und erhabenen Gedanken Platz machen. Aber als wir eines Tages ganz unverhofft vor den Toren der Sendestation standen, beseelte uns kein Gefühl von Mystik oder Größe. Im Gegenteil! Leichter Nieselregen und ein scharfer Wind von den Bergen ließen uns fröstelnd die Parkas enger knöpfen. Ja, so ist das leider mit dem „Duft der großen, weiten Welt"! Reisen bildet, gewiß, aber wie oft hat es uns auch die Illusionen geraubt! Doch die Sendestation wollten wir trotzdem gern besichtigen und auch guten Tag sagen. Frau Schroeder stellte gerade ein neues Programm zusammen, und wir kamen ihr wohl vor wie ein Geschenk des Himmels. Keine zehn Minuten hatten wir Zeit, uns vorzubereiten, dann saßen wir mit Lampenfieber vor dem Mikrofon, erzählten von unseren Reiseerfahrungen und grüßten unsere Freunde und Eltern in der fernen Heimat. Unser Interview sollte erst in drei Wochen gesendet werden. So blieb uns genug Zeit, per Rundschreiben die Frequenzen bekanntzugeben. Die Nachricht von unserem Interview schlug ein wie eine Bombe und half sicherlich mit, unser etwas lädiertes Image zu Hause auf Hochglanz zu polieren.

Einmal in den Händen der Missionare, konnten wir uns vor Einladungen kaum noch retten. In ihrem häuslichen Familienkreis gaben sich unsere freundlichen Gastgeber alle erdenkliche Mühe, uns mit guter deutscher Hausmannskost aufzupäppeln; so blieb unsere einfache Camper-Küche für die nächsten Tage geschlossen. Zugegeben, wir befürchteten zunächst Bekehrungsversuche an uns, sozusagen als „Entgelt" für die Mahlzeiten, aber dieses Vorurteil konnten wir schnell vergessen. Die frommen Leute waren keine weltentrückten Eiferer; nichts Menschliches schien ihnen fremd. Und doch bestätigten sie auf manche Weise das gängige Klischee von Missionaren: Ihre offenen, klaren Gesichter spiegelten festen Glauben und unerschütterliche Zuversicht wider. Gott war ihnen nahe, und entsprechend oft fiel sein Name. Ihm sei alles Gute auf Erden zu danken, das Böse entspränge allein den Machenschaften Satans. Beim Nachtisch hörten wir dann mit offenem Mund, daß der Weltuntergang unausweichlich und auch ziemlich nahe sei. Nein, den Begriff des Zweifels kannte man hier nicht.

Obwohl den Heiland auf der Seite, wurden auch die HCJB-Missionare von Existenzsorgen nicht verschont. Es bedarf gewiß großen Fingerspitzengefühls, der Regierung nicht als „Staat im Staate" oder als Fremdkörper auf die Nerven zu gehen. So wird durch strikte Nichteinmischung in die inneren Angelegenheiten Ecuadors und durch den Unterhalt der zwei kleinen Krankenhäuser „Vozandes" alles getan, die Herrschenden von den guten Absichten zu überzeugen und bei Laune zu halten. Denn dieser Standort hat entschiedene Vorteile. Es gibt zwar in Südamerika noch manchen anderen Staat, der die Sender auf seinem Territorium dulden würde. Aber die einmalige Lage in fast 3000 Meter Höhe am Äquator und ein nicht erklärbares ionosphärisches Phänomen speziell über Quito sorgen für ein ungewöhnlich starkes Abstrahlsignal. „Gott war eben auf dem Plan", schreibt die kleine Hausbroschüre.

In einem kleinen Dörfchen westlich der Kordillere mit dem wohlklingenden Namen „Santo Domingo de los Colorados" sollten angeblich wunderschöne, bunt geschmückte Indianer wohnen, eben die Colorados. Schon früher hatten wir Berichte gelesen, von Expeditionen durch unwegsamen Urwald und auf reißenden

Am Äquatordenkmal in Ekuador

Los Colorados in malerischer Aufmachung

Flüssen, um zu diesen „Wilden" vorzustoßen. Jetzt stellten wir fest, daß die Fahrt so einfach war wie eine Autobahnreise zwischen Bonn und Köln. Die meisten Colorados trugen moderne Kleidung, nur ihren malerischen Kopfschmuck hatten sie beibehalten, zumindest die Männer. Mit einer hennafarbenen Paste, die sie aus zerstampftem Baumsamen gewinnen, verkleben sie die Haare, die sich dann wie ein roter Helm um den Kopf schmiegen. Viele waren Alkoholiker. Mit der Flasche in der Hand tasteten sie sich torkelnd die Hauswände entlang. Andere schliefen wie tot ihren Rausch im Rinnstein aus. Aber wehe, wenn wir die Kamera hoben. Dann flogen sofort von irgendwo Steine, und ein Indianer setzte sich in Trab, um bei uns zu kassieren. Wenn wir die „richtigen" Colorados sehen wollten, erklärte uns ein einheimischer Mestize, müßten wir zu einem nahen Wäldchen fahren, dort würden sie wohnen. Mit uns hielt dort ein großer, klimatisierter Luxus-Reisebus und spuckte einen lauten Touristenschwarm aus, der sich ebenfalls auf die Suche nach den Indianern machte. Die saßen noch ahnungslos in europäischen Kleidern beim Kartenspiel im Garten. Beim Nahen der Reisegruppe warfen sie die Karten auf den Tisch, stürzten in die Häuser – und traten nackt bis auf einen Lendenschurz wieder heraus. Da surrten die Filmkameras, Kameraverschlüsse klickten, drängte sich jeder vor die Linse des anderen. Der dickbäuchige Häuptling, selber nackt, sammelte Geld ein.

Giftküche Oriente

Wirtschaftler denken bei Ecuador an Kaffee, Orangen, Bananen, Reis, Holzschnitzereien und herrliche Webarbeiten. Der wahre Reichtum aber liegt im Oriente, in den Erdölfeldern östlich der Anden. In Quito hatten wir uns bei der Texaco-Hauptverwaltung die Erlaubnis besorgt, eines ihrer Camps bei dem Dorf Coca zu besuchen. Schwitzend saßen wir nach einer raschen Andenabfahrt vor der Pförtnerloge und warteten nun schon drei Stunden, daß die verflixte Siesta, die in ganz Lateinamerika so beliebte Mittagspause, zu Ende ging.

„Aus Bonn kommt ihr!" Ein junger blonder Mann im weißen Drillich hatte seinen amerikanischen Pritschenwagen angehalten und musterte uns jetzt neugierig.

„Ja, wir wollen mal das Camp besichtigen –"

„Habt ihr auch die Erlaubnis?" Der Frager stellte den Motor ab und kam näher. „Sagt mal, kennen wir uns nicht? Ihr wart doch auch bei dem großen Globetrotter-Treffen bei der Ludmilla in Hagen!"

„Ja, genau. Und du hattest doch den Unimog mit dem Spezialaufbau. Die ganze Straße war verstopft und alles wollte deinen Riesen-Camper sehen."

„Dann seid ihr Ulf und Achim!" rief der junge Mann.

„Und du bist Hendrik!" Bewegt ob dieses kleinen Wunders schüttelten wir uns die Hände und hofften, daß keiner sich zu der abgedroschenen Bemerkung hinreißen lassen würde, wie klein doch die Welt sei.

Fürs erste waren wir versorgt. Wir konnten duschen und in der Kantine essen und überließen der Camp-Verwaltung die längst überfällige Reinigung unserer Wäsche – auf den Namen unseres alten Bekannten, versteht sich. Hendrik hatte die Verantwortung für einige große Dieselaggregate, die von einheimischen Maschinisten gewartet wurden. Tag und Nacht mußte er über Funk für den Notfall erreichbar sein. Was er sonst noch trieb, interessierte niemanden; ein Traumjob, der auch noch gut bezahlt wurde. So blieb ihm genügend Zeit, sich intensiv mit seinem Hobby zu beschäftigen: Schlangen und anderes giftiges Getier. Bei den Einheimischen der umliegenden Dörfer und den Arbeitern im Camp war er bereits einschlägig bekannt. Wer eine Schlange oder einen Skorpion fing, zeigte sie erst einmal dem verrückten Aleman. Vielleicht brachte das Biest einige Sucres, totschlagen konnte man es sonst immer noch. „Wollt ihr mal meine neue Boa sehen?“ Blitzschnell griff Hendrik in einen Kasten auf der Ladefläche seines Ford und hielt eine respektable, buntgescheckte Würgeschlange am Hals. Das muskulöse Tier fauchte wie eine Katze und versuchte, mit nadelspitzen Zähnen um sich zu beißen. „Ihr werdet sehen, in vier Wochen ist die so zahm wie ein Kätzchen.“ Im Garten seines Hauses parkte der uns schon bekannte Unimog, ein vierradgetriebenes Geländefahrzeug. Aber was wir im Schlafzimmer neben dem Ehebett entdeckten, ließ uns die Haare zu Berge stehen: ein luftiges Schlangengehege, in dem Hochgiftiges und angeblich Harmloseres einträchtig nebeneinandergerollt schlief.

„Die werden erst nachts lebendig“, hörten wir ungläubig, „an das Schabegeräusch haben sich meine Frau und ich längst gewöhnt.“

In Hendrik hatten wir einen passionierten Waldläufer gefunden, dem es Spaß machte, uns durch den nächtlichen Urwald zu lotsen und im Taschenlampenlicht unter Wurzeln und Steinen zielsicher und triumphierend all das aufzuscheuchen, wovor sich andere Menschen zu Tode fürchten: Riesenameisen, deren einzelner Biß einen ausgewachsenen Mann für Tage ins Bett zwingt, die berüchtigte Schwarze Witwe und andere bizarre Giftspinnen; überlange, tiefrote Tausendfüßler, deren Sekret einen Menschen ebenfalls unter die Erde bringen kann – kurz, einen makabren Querschnitt durch die krabbelnde Giftküche des tropischen Regenwaldes. „Damit könnte man in Deutschland ein Bombengeschäft aufziehen, ich kenne nur noch nicht die richtigen Abnehmer.“

Bei soviel Exotik hätten wir fast unser Hauptanliegen, die Erdölfelder im Dschungel, aus den Augen verloren. Durch Hen-

Eine Boa constrictor bzw. Abgott- oder Königsschlange

Vogelspinne

drik lernten wir den Texaco-Piloten kennen, der sich bereiterklärte, uns zu einem Rundflug mitzunehmen. Früh am Morgen bestiegen wir eine einmotorige Pilatus Porter und kreisten bald einige hundert Meter über dem Urwald. Bei offenen Schiebetüren sah man von hier oben ganz deutlich, welch verheerende Wunden die Bohrarbeiten in den Wald geschlagen hatten. Rote Pisten zerschnitten die tiefgrüne Landschaft und trafen sich sternförmig am Turm. Erdschutt wälzte sich überall in den Busch, und lange Rohrschlangen speisten einen künstlichen See von der Größe eines Fußballplatzes mit ölig schwarzer Brühe. Links die Baracken des Camps mit dem mittelbaren Verursacher der ökologischen Katastrophe: unser winzig kleiner, aber benzindurstiger Camper. Sonst, soweit das Auge reicht, nur Wald, Wald, Wald.

Blick auf das Erdölfeld von Coca

Am Nabel der Inkawelt

Der Altiplano, die Hochebene zwischen den östlichen und westlichen Gebirgszügen, ist das Herzland der Anden, heute ebenso wie vor fünfhundert Jahren, als die ersten Europäer ihren Fuß auf den Boden Südamerikas setzten. Cuzco, der Nabel des Inkareiches, wurde in unseren Tagen Hauptanziehungspunkt für den Tourismus. Die alte Metropole, in der sich Kolonialarchitektur türmt, schlug auch uns in ihren Bann. Drei Tage wollten wir bleiben, nach zwei Wochen rissen wir uns endlich los. Es lag sicherlich nicht allein an der mittelalterlichen Atmosphäre, den winkeligen Gassen, dem stillen und doch so bunten Treiben der Indios. Nein, wir freuten uns auch, nach Monaten einsamer Fahrt durch die Wildnis wieder einmal unter Menschen und Gleichgesinnten zu sein und die Nächte in irgendeiner kleinen Kneipe zu verquatschen. Mit großen Augen lauschten wir, wenn von kenternden Kanus im Wildwasser, nervenzerfetzendem Drogenschmuggel über die Grenze, schweren Autounfällen und Schießereien die Rede war. Dagegen nahmen sich unsere Erlebnisse doch recht bescheiden aus. Aber meistens war das lebensbedrohende Abenteuer nur das Ergebnis von Dummheit, Leichtsinn und schlechter Reisevorbereitung. Wir taten jedenfalls alles, um solchen „Kitzel" zu vermeiden. Schließlich hatten wir es uns in den Kopf gesetzt, eines Tages heil in Feuerland anzukommen.

Auf unserem Programm stand natürlich auch die „vergessene" Inkafestung Machu Picchu, die bis zum heutigen Tag nur mit der Eisenbahn durch das schmale Urubamba-Tal oder zu Fuß über einen alten Inka-Pfad zu erreichen ist. Aber Eile tut not; schon ist angeblich eine Autotrasse von Cuzco geplant, die den touristischen Ausverkauf noch beschleunigen würde. Wo so viele relativ reiche Menschen aus aller Welt in solch einem unterentwickelten Land zusammenströmen, wird für andere das Stehlen zwangsläufig zur Ganztagsbeschäftigung. Vor allem die romantische Indio-Eisenbahn, die mit Sack und Pack und meist hoffnungslos überfüllt Cuzco noch vor dem Morgengrauen verläßt, könnte manches kleine Drama berichten. Hierbei gehören aufgeschlitzte Rucksäcke und abgeschnittene Brustbeutel eher zu den Banalitäten, die niemanden mehr interessieren. Die traurige Tatsache hat sich wohl herumgesprochen, und so müssen sich die cleveren Ganoven immer neue Tricks einfallen lassen. Ein Beispiel: Sitzt ein Gringo im Zug und bewacht seinen Rucksack. Da kommt ein Indio und uriniert an sein Hosenbein. Empört springt der Tourist auf – schon ist das Gepäck weg! Die Geschichte muß nicht wahr sein, aber man sollte doch auf alles gefaßt sein.

Viele Tage beschäftigte uns die Frage nach einem sicheren Parkplatz für unser Auto. Ollantaitambo, ein kleiner Indianerort an der Eisenbahnstrecke, überragt von einer mächtigen Festung, schien uns geeignet. Wir stellten den Wagen einfach vor die Polizeistation und motivierten die Beamten mit einigen Flaschen Pisco, unseren Camper nicht aus den Augen zu lassen.

Machu Picchus Geschichte liegt immer noch im Dunkel, und so ranken sich mancherlei Legenden und Theorien um diese Stadt. Fest steht nur, daß die Spanier von ihrer Existenz nichts geahnt hatten; erst Anfang unseres Jahrhunderts entdeckte der amerikanische Archäologe Hiram Bingham mehr durch Zufall die Stadt mit ihren Palästen, Tempeln, Türmen, Terrassen und Treppen. Zehnmal mehr weibliche Skelette als männliche fanden Forscher der Yale-Universität später. Sollten sich hier die Sonnenjungfrauen vor den Spaniern versteckt gehalten haben? Die geheim-

Das geheimnisvolle Machu Picchu

nisvolle Atmosphäre Machu Picchus, das hoch auf einem Bergsattel liegt und über das Urubamba-Tal blickt, offenbart sich dem Besucher nur, wenn er kurz nach Sonnenaufgang durch die Ruinen streift, die dann noch ihm ganz allein gehören. Nebelschwaden ziehen durch die Gemäuer und Straßen, reglos verharrt der Urwald ringsum, und erste Sonnenstrahlen streifen den heiligen Berg Huaina Picchu, der sich wie ein Wächter hinter der Kulisse erhebt.

Gegen Mittag, mit Eintreffen des Zuges, ist das Gelände von lauter Betriebsamkeit erfüllt, und alles Mystische hat sich mit dem Nebel verflüchtigt. In Englisch, Spanisch, Französisch und Deutsch versucht ein Reiseführer den anderen wortreich zu übertönen – höchste Zeit, das Feld zu räumen und sich auf den Rückweg zu machen. Wir hatten die größte touristische Kulturstätte ganz Südamerikas gesehen. Es war märchenhaft und eindrucksvoll, gewiß. Ein Muß für jeden Peru-Reisenden! Aber als verklärten Höhepunkt unserer Panamericana-Fahrt wollten wir sie schon jetzt nicht gelten lassen. Lag es womöglich daran, daß wir übernächtigt und deshalb den Feinheiten nicht recht zugänglich waren? Verbotenerweise nämlich hatten wir unser kleines Bergsteigerzelt innerhalb des archäologischen Bezirks hinter einem versteckten Felsen aufgeschlagen und im rauschenden Regen eine naßkalte, ungemütliche Nacht verbracht, um nur ja den Sonnenaufgang nicht zu verpassen.

Als wir in Ollantaitambo vor der Polizeistation standen, rieben wir uns ungläubig die Augen: Die Außenspiegel unseres Autos fehlten, die Radkappen waren weg, Antenne und Scheibenwischer

Verbotenes Zeltlager bei Machu Picchu

ebenfalls verschwunden. Die „Diebe" waren die Beamten selbst gewesen. Sie hatten es gut gemeint und alles in Sicherheit bringen wollen. Nur an den Schock bei der Rückkehr hatten sie wohl nicht gedacht.

Kurz vor dem Verlassen Ecuadors hatten wir eine merkwürdige Naturerscheinung beobachtet. Innerhalb kürzester Zeit, bzw. nach wenigen Kilometern, wichen die saftiggrünen Bananenplantagen, die die Küstenstraße säumten, einer graugelben Sand- und Geröllwüste. Dieser abrupte Wechsel ist dem eiskalten Humboldt-Strom zu verdanken, der aus der Antarktis kommend sich an der südamerikanischen Pazifikküste heraufschiebt und erst in Höhe der peruanisch-ecuadorianischen Grenze zum offenen Meer hin abdreht. So haben sich die maritimen Luftmassen bei Erreichen des Festlandes bereits abgeregnet, und wenn sie sich jetzt durch Sonneneinstrahlung noch erwärmen, besteht keine Möglichkeit mehr zur Kondensbildung. Die Trockenheit konserviert und verhindert den Verfall. Das wußten auch die vorchristlichen Kulturen und legten deshalb hier ihre Totenstädte an. Bei Nazca, so erfuhren wir unterwegs, gebe es ein großes Gräberfeld, das den Besuch lohnte. Nur der genaue Weg sei schwierig zu erklären, und Einheimische verweigerten jede Auskunft. Schließlich kamen wir zu einem Gebiet, wo überall menschliche Knochen herumlagen: Wir waren am Ziel. Rücksichtslos hatten die Grabräuber nach wertvollen Grabbeigaben gesucht, hatten die Mumien brutal ans Tageslicht gezerrt und einfach liegengelassen. Fasziniert betrachteten wir die eingetrockneten Körper, die die Jahrhunderte oft erstaunlich gut überstanden hatten. Schädel aller Größen und Formen lagen herum, und wir konnten es uns nicht verkneifen, für das Fotoalbum in Hamlet-Haltung zu posieren. Plötzlich stand ein Fremder neben uns, ein bißchen schuldbewußt zuckten wir

Das Gräberfeld von Nazca

zusammen. Aber der Mann wollte uns nicht verjagen, im Gegenteil. Er bat uns, mit ihm nach Haus zu kommen, wo er uns herrliche Fundstücke zeigen könne. Aha, wir hatten also einen Grabräuber vor uns! Er hatte nicht übertrieben. Staunend standen wir vor bunten, mit Ornamenten und Tiermotiven bemalten Tonkrügen, fein gewebten Totentüchern und altem Silberschmuck. Alles sei zu kaufen – aber bitte nur in US-Dollar. Die einmaligen Stücke waren sündhaft teuer. Wir überschlugen noch einmal unsere voraussichtlichen Reisekosten, überlegten, daß der Export von Antiquitäten ohnehin strengstens verboten war, und schlugen das Geschäft aus.

Sorgenkind Auto

In Südamerika ist ein Zolldokument für den Wagen vorgeschrieben – das sogenannte „Carnet de Passage en Douane". Es wird vom heimischen Automobilclub ausgestellt, der damit dem Reiseland garantiert, daß der Wagen auch wieder ausgeführt wird. In der Regel gilt es ein Jahr. Unser Carnet war während des Aufenthaltes in Ecuador abgelaufen, aber wir hatten aus Deutschland eine Verlängerung erhalten, allerdings mit der Auflage, die Zustimmung des peruanischen Automobilclubs einzuholen. Schon an der Grenze fing das Theater an. Unter keinen Umständen, erklärte der Beamte kategorisch, würde er uns hereinlassen. Wir fuhren zurück ins Niemandsland und warteten auf Schichtwechsel. Diesmal hatten wir Glück und schlüpften durch. Auf kürzestem Weg steuerten wir bangen Herzens Lima an, denn eine weitere Kontrolle unterwegs hätte uns Schlimmes bringen können. Unsere Stimmung näherte sich dem Nullpunkt; insgeheim ärgerten wir uns über uns selbst, denn dieses Risiko hätte bei guter Planung vermieden werden können.

Aber die Schwierigkeiten sollten erst noch beginnen. Die hübsche Sekretärin beim Automobilclub schaute uns mitleidig an.

„Carnetverlängerungen werden prinzipiell nicht vorgenommen", erklärte sie uns. „Sie müssen sich vor Augen halten, daß Ihr Fahrzeug ins Land geschmuggelt wurde und deshalb konfisziert wird. Sie selbst müssen mit einer längeren Haftstrafe rechnen."

Uns fiel der Unterkiefer herunter, und wir wurden abwechselnd rot und blaß. Zu allem Unglück, so erfuhren wir jetzt, sei der Chef des Automobilclubs zugleich oberster Zollbeamter. Wir fühlten, wie die Falle zuschnappte und schielten nach dem Ausgang. Aber die nette Peruanerin stand wohl auf unserer Seite.

„Von mir erfährt niemand etwas", versicherte sie uns.

„Am besten, Sie verlieren alle Papiere, und ich sorge dann dafür, daß Sie mit Ersatzausweisen legal das Land verlassen können."

Die Sache erschien uns aber dann doch zu heikel und die Aussicht, in die Mühlen der peruanischen Bürokratie zu geraten, wenig verlockend.

„Komm, wir verdrücken uns." Wer weiß, vielleicht waren die Grenzstationen bereits benachrichtigt?

Angestrengt studierten wir die Karte. Im Norden des Titicaca-Sees fanden wir einen Übergang, der von Touristen wohl selten benutzt wird. Das war unsere Chance. Doch die Zufahrtsstraße verwandelte sich zunehmend in einen Sturzacker. Keine zwanzig Kilometer schafften wir pro Tag und waren die meiste Zeit damit beschäftigt, den Wagen mit klammen Fingern fluchend aus eiskalten Schlammlöchern zu befreien oder mit Hilfe von Indios verschneite Hänge hinaufzuschieben. In Sichtweite der Grenzstation brachen wir dann vollends ein. Daß wir unser Vehikel dann doch noch flottmachen konnten, verdankten wir dem Zöllner persönlich, der sich selbstlos auch noch in den Schlamm kniete. Der junge Beamte freute sich aufrichtig über unseren Besuch, und bei einer Tasse Tee schüttete er uns sein Herz aus. Daß der Wind durch die vergammelte Bruchbude pfeife, er sich einsam und wie auf verlorenem Posten fühle, nicht vor drei Monaten die Ablösung komme und er erst dann seine Geliebte wiedersehen könne. Hombre, was für ein Leben! Oh, wie fühlten wir mit ihm. Als er jetzt voller Selbstmitleid zur Kontrolle unserer Papiere schreiten, jedes Detail mit Akribie in einen Folianten eintragen wollte, schoben wir ihm zum Trost ein ausgelesenes Playboy-Magazin über den Tisch. Die Prozedur war in Windeseile erledigt; eine rostige Schranke hob sich, und wir stoben davon, Richtung Bolivien. Inzwischen hatten wir aus Deutschland ein neues Carnet erhalten, somit beendete diese Ausreise unsere Illegalität.

Mit einem funktionierenden Auto ist es wie mit der Gesundheit: Zu Hause ist sie eine Selbstverständlichkeit, und selbst der Ängstliche beruhigt sich mit dem Gedanken an gute Ärzte, Krankenhäuser und Medikamente. Aber fern der Heimat, vielleicht Tage oder Wochen ohne Versorgungsmöglichkeit, erkennt sich mancher nicht mehr wieder. Ein bißchen Bauchweh malt dann gleich das Gespenst der Blinddarmentzündung an die Wand, ein empfindlicher Zahn läßt besorgt an Kiefervereiterung denken. So ist es auch mit dem Auto. Nur wer sich selber helfen kann, ist unterwegs König. Er schont nicht nur seine Geldbörse, sondern vor allem seine Nerven. Der Gedanke an einen eventuell streikenden Motor irgendwo am amazonischen Urwald läßt ihn kalt. Selbstbewußt überhört er „merkwürdige Geräusche" an seinem Wagen und genießt statt dessen die einsame Landschaft. Ja, mit ein wenig Fachwissen reist es sich doch entschieden entspannter. Was uns betraf, so trauten wir uns zu, notgedrungen auch mitten in der Wüste die Maschine zu zerlegen oder Radlager auszutauschen. Allerdings sind solche Vorstellungen alles andere als erbaulich. Vielleicht fehlt dann doch noch ein Ersatzteil, Lebensmittel und Wasser könnten zur Neige gehen und – wer weiß – Vorbeikommende in irgendeiner Weise die Situation ausnützen.

So nahmen wir dann auch nur allzugern die Einladung des deutschstämmigen Werkstattbesitzers Walter Fassel und seiner Frau Uschi in La Paz an, unter ihren Fittichen unser treues Vehikel in aller Ruhe zu überholen. Zwei Wochen standen wir im engen Hof und ließen unserem Camper, der auf dieser Reise schon 60 000 Kilometer ohne Mucken zurückgelegt hatte, eine Verjüngungskur angedeihen. Ein Schweißer war zur Hand, der zusammen mit dem Lehrbub auf einer rostigen Eisenbahnschiene tagelang neue Karosserieteile für uns zusammenhämmerte. Derweil überholten wir unseren Motor und tauschten vorsorglich Kolbenringe, Pleuellager und Ventile aus. Für den Rest der Reise hätten wir dann wohl Ruhe, so hofften wir jedenfalls. Die reizenden Fassels verstanden es immer wieder, durch Parilladas, die üppigen bolivianischen Grillparties, und durch technische Verbesserungsvorschläge unsere Abreise hinauszuzögern.

„Ihr solltet auf jeden Fall noch das Vorgelege-Getriebe durchchecken", versuchte uns Walter zu überzeugen, während er jedem noch ein saftiges Stück Fleisch auf den Teller schob. „Hier habt ihr alle Hilfsmittel, von denen ihr später in den Anden nur noch

Bei den netten Fassels in La Paz macht unser VW-Bus eine Verjüngungskur

träumen könnt.“ Auch Ersatzteile, die beim Zerlegen meist unvermutet fällig werden, könnte man hier bei einer der beiden VW-Vertretungen mit Leichtigkeit erwerben. Damit sei es in Argentinien vorbei, hatten wir von Reisenden aus dem Süden gehört. Der Volkswagen zähle dort zu den Exoten. Wir wischten uns die fettigen Finger ab und machten uns gleich an die Arbeit. Über uns, auf der Teppichstange, saß Lorenzo, der große zahme Amazonen-Papagei. Mit einem Bein hielt er das Gleichgewicht, mit dem anderen schob er sich einen dicken Kotelettknochen in den Schnabel und fraß ihn, als ob er aus Papier wäre.

So vergingen die Tage. Hätte uns nicht die Regenzeit im Nacken gesessen, die unseren Plan, durch die Westkordillere direkt zur Küste zu fahren, vereiteln würde, sicher säßen wir noch heute in La Paz, äßen Steak und tränken Chicha, das einheimische Maisbier. Schweren Herzens nahmen wir eines schönen Morgens Abschied von unseren Gastgebern in der höchsten Metropole der Welt. Vom 4100 Meter hohen Rand des Talkessels warfen wir nochmals einen Blick über das Häusermeer tief unter uns – dann rollten wir über die kahlen, einsamen Hochflächen des Altiplano zu „neuen Ufern“.

Das Paradies will erobert sein

Unser Ziel war ein Doppelvulkan mit zwei ebenmäßigen Kegeln. Seit wir die beiden Payachates auf einem Foto gesehen hatten, war der Besuch beschlossene Sache. Aber wo würden wir sie finden? Wir fragten Lastwagenfahrer, Soldaten und Angestellte in Touristenbüros. Schulterzucken und vage Vermutungen waren die einzige Antwort. Schließlich kristallisierte sich dann doch ein

Gebiet um den Sajama heraus, mit 6200 Metern der höchste Berg der Westkordillere.

„Er müßte an der Piste nach Chile liegen; die Grenze dort ist allerdings geschlossen", wußte die deutsche Botschaft.

„Mit eurem kleinen Wagen kommt ihr da sowieso nicht durch", meinte ein LKW-Fahrer in Puerto Japones, wo die regelmäßig gewalzte Piste aufhört.

Das wollen wir erst mal sehen! dachten wir trotzig. Knöcheltiefer, feingemahlener Staub umfing uns. Wenn unser Auto in eine der unsichtbaren Kuhlen einsank, so spritzte der Puder wie Wasser an den Scheiben hoch. Durch alle Ritzen drang er und legte sich wie eine graue Decke über das gesamte Wageninnere. Wir banden uns nasse Tücher um Mund und Nase, aber dann mußten wir aufgeben. Von Hustenanfällen geschüttelt und nach Luft ringend lagen wir in dem spitzen Ichi-Gras und fixierten verbissen das schneeglänzende Massiv des Sajama, der höhnisch über die Vorberge lugte. Sollten wir nicht besser umkehren? Vielleicht ruinierten wir uns auch noch den Motor; der einfache Staubfilter konnte unmöglich alles verkraften.

„Wenn ihr am frühen Morgen fahrt, wenn der Staub noch feucht ist, kommt ihr durch – tranquillo", versuchten uns zwei Geologen aufzumuntern, die wir nach dem weiteren Zustand der Piste befragten. Noch vor Sonnenaufgang waren wir unterwegs. Jetzt ging es erstaunlich gut – kein Vergleich zu gestern. Daß wir nicht selbst auf den Trick gekommen waren! Aber die Straße blieb schlecht. Stundenlang mahlten wir im ersten Gang, durchquerten vorsichtig einige warme, schwefelige Flüsse und quälten uns über Felsplateaus. Für die immer wildere Landschaft hatten wir kein Auge. Ja, wir fühlten uns zunehmend unbehaglicher. Höhe und dünne Luft machten dem Motor schwer zu schaffen; selbst flache Hügel nötigten ihm das Letzte ab. Dann kamen langgezogene

Staub ist schlimmer als Heimweh?

Gefällstrecken, so steil, daß wir aus eigener Kraft nie und nimmer zurückkämen. Uns blieb also nur eines: Vorwärts! Was aber, wenn entsprechende Steigungen . . . Wir verscheuchten den häßlichen Gedanken, doch schneller als geahnt war es dann soweit:

Mit blockierenden Reifen rutschten wir in ein tiefes Tal, und von hier führte die Piste geradewegs in den Himmel. Da half kein Anlauf, kein Schieben, kein teilweises Entladen, kein noch so festes Zähnezusammenbeißen; der Motor konnte nicht mehr. Schluß!

„Irgendwie geht es immer weiter."

„Man darf nur auf das ‚wie' gespannt sein."

„Ob heute noch ein Auto vorbeikommt?"

„Die Frage ist, ob hier überhaupt jemand vorbeikommt."

Die sinnlosen Ausbruchsversuche gaben wir endlich mit qualmender Kupplung auf. Wir aßen sorgenvoll unser Abendbrot und gingen zu Bett. Morgen würde man weitersehen. Rabenschwarz und eiskalt senkte sich eine lautlose Nacht herab.

„Kannst du auch nicht schlafen?"

„Ich überlege mir, wie man dem Motor Pfeffer geben könnte."

„Mit Sauerstoff und Kompressor."

„Nein, zum Beispiel über den Zündzeitpunkt."

„Man könnte es mit extremer Frühzündung versuchen."

Schnell zogen wir uns an. Das war vielleicht die Lösung! Bis zum Anschlag verdrehten wir den Zündverteiler, und nur widerwillig sprang der Motor an. Er hustete und nagelte wie ein Diesel, aber dann setzte sich der Wagen gehorsam in Bewegung. Langsam ging er die Steigung an, die Drehzahl fiel nicht ab. Er schafft es, er schafft es! Schweißnaß erreichten wir die Anhöhe, die verkrampften Muskeln schmerzten, so sehr hatten wir „mitgeholfen". Gewonnen! Es war wie ein Wunder. Teil zwei der Nacht sah uns selig lächeln wie zwei satte Säuglinge.

Strahlend ging die Sonne auf, verscheuchte Kälte und Müdigkeit. Noch einige Kilometer Holperpiste, einige Bäche und Flüsse – dann plötzlich lagen die gesuchten Vulkane vor uns, schöner, als sie je ein Bild wiedergeben könnte. Blauschwarzer

Himmel, leuchtendgelbes Gras, die Lamaherden rings um uns, in der Ferne weißgetünchte Kapellen, dazu im Hintergrund die beiden schwarzen Schlote mit gleißenden Schneekappen: Dies war der erträumte Urtypus der Andenlandschaft in einer Vollkommenheit und Harmonie, wie wir sie noch nie erlebt hatten. Überglücklich fühlten wir: dies ist einer der Höhepunkte der Reise, ein unbekanntes Paradies auf dem Dach der Welt.

Allen Prophezeiungen zum Trotz waren die Grenzen geöffnet. Erst mit Einsetzen der Regenzeit würde meterhoher Schnee die Piste unpassierbar machen und die einsamen Posten für einige Monate begraben.

„Siehe da, die ersten Touristen", empfingen uns die bolivianischen Zöllner und Polizisten. So gut wie nie verirrten sich hierher Privatautos, nur hin und wieder einmal ein Lastwagen. Um so habgieriger musterte man unsere Wageneinrichtung. Die Ausreisepapiere waren längst geprüft, aber dennoch wollten sie uns nicht ziehen lassen. Dann kam ihnen die Idee. Die Straßenbenutzung koste fünf Dollar, por favor!

Wir lachten. „Das kann jeder sagen. Wir zahlen nur gegen Quittung."

Zu unserer Verblüffung zauberten sie tatsächlich ein Formular aus der Schublade, natürlich nur eine ganz allgemein gehaltene Empfangsbestätigung.

„Sorry, wir haben nur Reiseschecks", parierten wir und hielten provozierend hundert Dollar hoch. „Können Sie tauschen?"

„Bueno, drei Dollar genügen auch."

Langsam begann es uns anzuwidern. „Wieso eigentlich Dollar? Wenn wir überhaupt zahlen, dann nur pesos bolivianos."

Gierig langten zehn Arme ins Autofenster. Bedächtig leerten wir unser Portemonnaie in die Hand und warfen dann im hohen Bogen die Münzen auf die Straße. Vollgas! Im Rückspiegel sahen

Paradiesische Andenlandschaft

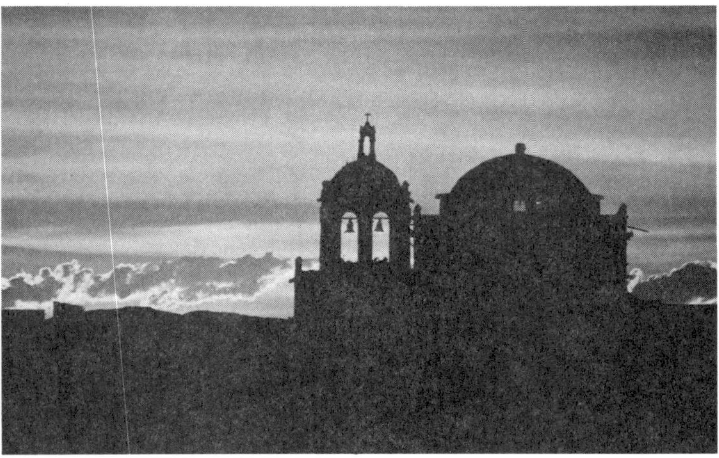

Kirche auf dem Altiplano in Bolivien

wir noch, wie sich die Menschen im Staub balgten.

„Mußten wir eigentlich gleich so brutal sein?"

„Ja, wer weiß, was denen sonst noch eingefallen wäre. Das waren ja praktisch Straßenräuber!"

Zwischenstation Chile

Mit der chilenischen Grenzstation hatte uns die Zivilisation wieder. Die Anlage sah sauber und aufgeräumt aus, es gab sogar ein kleines Blumenbeet, und hinter dem Haus stand ein Sendemast: Funktelefon. Ja, mit der großen Armut war es jetzt vorbei. Europäische Gesichter empfingen uns, ausgesucht höfliche und korrekte Beamte. Zügig und fachkundig wurden unsere Papiere abgestempelt – eine „zweite Zöllner-Schicht" wie in Peru hätten wir hier mit einem ungültigen Carnet nicht überrumpeln können. Erstmals wollte auch niemand Geld haben, sondern man interessierte sich mehr für unsere Fahrt und wollte genau die bisherige Route wissen. „Feliz viaje – gute Reise!" Der Polizist zog die Kapuze seines Parka noch enger, stemmte sich gegen den schneidenden Wind, der ungebremst über die Baracke fegte, und winkte uns freundlich nach. In fünf Stunden wanden wir uns durch Schluchten und Täler in die Tiefe, der Wärme entgegen. Und noch am selben Abend begrüßte uns wieder der Brandungsdonner des Pazifischen Ozeans.

Chile rang um sein Selbstverständnis. Das fiel uns erstmals auf, als wir in Arica aus dem Autofenster heraus dem Ortssender ein Interview geben sollten. Man wollte wissen, welche Gedanken wir mit dem Lande verbanden.

„Chile", so stotterten wir, „das bedeutet für uns Salpeter,

Ausflug zum Villarica-Vulkan

Nachtquartier unter chilenischen Urwaldtieren

Obstanbau, viele Europäer, Vulkane und Erdbeben, hübsche Mädchen." Nichts von alledem hatten wir bisher gesehen, unsere Kenntnisse stammten noch aus der Schule, und was den letzten Punkt betraf, der würde in jedem beliebigen Land der Welt Zustimmung gefunden haben. Aber der Mann mit dem Mikrofon wollte auf etwas anderes hinaus.

„Heißt das für Sie nicht auch Militärdiktatur und bum, bum?" Damit hielt er sich eine imaginäre Pistole an die Schläfe. Nun ja, seit dem unglücklichen Ende des frei gewählten Präsidenten Salvador Allende und der anschließenden „Säuberungswelle" durch eine Militärjunta hatte Chiles Ansehen in der freien Welt schweren Schaden genommen. Monatelang hatte sich der Zorn deutscher Kommentatoren auf dieses Land konzentriert; empört war von Verhaftungen, Verschleppungen und Folter in geheimen Lagern die Rede gewesen. Das mußte Chile, das sich wegen seiner Besiedlungsgeschichte mit der Bundesrepublik wie mit sonst wenigen anderen Ländern der Welt verbunden fühlt, ganz besonders treffen. Wahr und unwahr, wir wollten nicht politisch werden und verschanzten uns hinter Sprachschwierigkeiten. Aber noch oft sollten wir auf dieses drückende Problem angesprochen werden. Mag sein, daß wir in all den Wochen immer nur die „falschen" Leute getroffen haben, denn jedermann distanzierte sich von den Vorwürfen und beschwor uns händeringend, doch zu Hause von dem offensichtlichen Wohlergehen und der Freiheit des chilenischen Volkes zu berichten. Allein, wir fühlten uns in der Rolle des Augenzeugen überfordert. Was bedeutet es schon, daß wir während unseres Aufenthaltes weder Unterdrückte, Verfolgte oder Gemarterte angetroffen haben! Waren nicht vielleicht die Chilenen selbst das Opfer ihrer Zensur und Propaganda?

Kontrolliert wurden wir oft in Chile, aber nicht aus politischen sondern aus gesundheitspolitischen Gründen. Die „musca mediterranea", eine Fruchtfliege aus dem Norden, war der gefährlichste Feind der großen Obstplantagen. Es war früher schon häufig vorgekommen, daß wir beim Überschreiten von Landesgrenzen überraschend unsere gesamten Obst- und Gemüsevorräte abgeben mußten. Als einzige Abwechslung auf der eintönigen Küstenstraße gen Süden wurden wir nun mindestens einmal täglich von einem einsamen Posten angehalten. Häufig standen wir dann mit vollen Backen kauend an der Barriere und stopften Äpfel in uns hinein, die wir gerade in der letzten kleinen Ortschaft gekauft hatten. Was wir nicht schafften, wurde an Ort und Stelle verbrannt. Selbst Obstkonserven hätten keinen Pardon gefunden. Der aufwendige und unnachsichtige Feldzug gegen den winzigen Feind wird erst erklärlich, wenn man die Küstenwüste hinter sich gelassen hat und südlich von Santiago durch schier unendliche Plantagen fährt; Monokulturen allesamt, die ja besonders anfällig sind gegen Schädlingsbefall. Der Obstexport bringt Chile einen Teil seiner dringend benötigten Devisen. Sollten wir während unserer langen Andenfahrt etwa Vitaminmangel erlitten haben, hier wurde damit bei Erdbeeren mit Schlagsahne gründlich aufgeräumt.

Den südlichen Abschnitt der pazifischen Küstenwüste bildet die Atacama, ein berüchtigter Todesstreifen, der sich von der chilenischen Grenze über 1000 Kilometer nach Süden erstreckt. Erst Anfang des 19. Jahrhunderts schenkte der Mensch diesem bisherigen Niemandsland seine Beachtung. Man hatte nämlich gelernt, aus Natronsalpeter, das hier in praktisch unbegrenzter Menge zur Verfügung stand, Kalisalpeter für die Schießpulverherstellung zu gewinnen. Grund für Bolivien, Chile und Peru, Besitzansprüche zu erheben und den sogenannten Salpeterkrieg vom Zaun zu brechen. Chile gewann, Bolivien als Hauptverlierer mußte bitter büßen: es verlor seinen einzigen Zugang zum Meer. Noch heute gedenken die Bolivianer dieser nationalen Katastrophe durch einen „Tag des Meeres".

Der erste Weltkrieg mit seinem Sprengstoffhunger verschaffte Chile einen beispiellosen wirtschaftlichen Höhenflug. Dies war auch die Stunde der letzten großen Segelschiffe, der Windjammer, die das unersetzliche Nitrat von den Pazifikhäfen Iquique und Antofagasta in rund drei Monaten um das gefürchtete Kap Hoorn nach Europa transportierten. *Pamir, Passat* und *Preußen,* die drei berühmtem P-Liner, werden immer mit der Epoche der Salpeterschiffahrt verbunden bleiben. Doch dann erfand Deutschland, bislang größer Abnehmer, die synthetische Herstellung des Nitrats. Als Folge mußte die Förderung drastisch zurückgeschraubt werden; Fabriken und Arbeitersiedlungen verfielen zu Geisterstätten, Eisenbahngeleise und Verladeeinrichtungen verschwanden unter Sand und Staub. Nur an wenigen Stellen wird heute noch Salpeter in der Atacama abgebaut. In bescheidenem Rahmen dient er als Dünger und als Grundstoff für die Jodgewinnung.

Manche der stillgelegten Fabriken stehen heute noch unberührt, geradeso, als habe man sie eben verlassen.

Als einzige Erhebung mitten in der flimmernden Wüste hatte ein riesiger Fabrikschornstein schon von weitem unsere Aufmerksamkeit erregt. Mit zaghaftem „no entrada" versuchte ein Schild am niedergetretenen Maschendraht-Zaun erfolglos die Neugierigen vom Fabrikgelände fernzuhalten. Der Trampelpfad führte geradewegs zu den Stufen einer kleinen Villa mit eingeworfenen Fensterscheiben. Die Tür stand offen. Sicherlich die Wohnung des Direktors. In den Räumen gähnende Leere; Reste menschlicher Notdurft in den Ecken kontrastierten mit den Seidentapeten, die in Fetzen von den Wänden hingen. Der Garten bot ein trauriges Bild. Zwischen sinnlos gewordenen Bewässerungsgräben standen

Ehemalige Salpeterfabrik in Atacama

blattlose Palmen, Gerippe von Kakteen und verdorrte Sträucher; der Mensch hatte seine Herrschaft zurückgegeben, und die Atacama duldet kein frisches Grün.

Die Fabrikhallen empfingen uns in heilloser Unordnung. Jede

Die traurigen Überreste einer Salpeterfabrik

Strebe, jedes Rohr und jeden Kessel bedeckte zentimeterhoher Salpeterstaub. Irgend jemand hatte mit der Demontage der Dampfmaschinen begonnen, Schrauben gelöst, Transmissionsriemen abgenommen und Getriebekästen geöffnet. Aber als hätte ihn ein böser Geist hinausgetrieben, so lagen überall die abmontierten Teile und benutzten Werkzeuge am Boden; Hämmer, Ring- und Gabelschlüssel, so groß, daß man sie allein kaum bewegen konnte. Auf Schritt und Tritt begleiteten uns leere Cola-Flaschen – stumme und doch so beredte Zeugen von Hitze, Staub und Trockenheit. Ungestüm rüttelte ein heißer Wüstenwind an den Wellblech-Verkleidungen, riß fauchend Eisentüren auf und ließ sie krachend wieder zufallen, pfiff und heulte durch die offene Reinigungsklappe am Fuß des Schornsteins. Wir brauchten keine große Phantasie, um uns auszumalen, wie einstmals jene tote Dampfmaschine gezischt und gedröhnt hatte, wie Räder geblinkt und Förderbänder unermüdlich Schüttgut herangeschafft, Pferde sich keuchend vor schwere Loren gestemmt und staubüberkrustete Kulis einer hinter dem anderen Säcke auf dem Buckel ins Freie geschleppt hatten. Ob diese Menschen damals geahnt hatten, daß sie sich für den Tod abrackerten? Ohne Salpeter kein Verdun . . .

Patagonien ruft

Der Zöllner am kleinen chilenisch-argentinischen Grenzübergang zog die Augenbrauen hoch, und der Polizist grinste ungläubig. „Ihr wollt im Ernst nach Patagonien? Da gibt's doch nichts als Schafe, Sturm und öde Landschaft! Ich würde nach Mar del Plata fahren. Dort kann man herrlich baden; und dann die *chicas lindas*, die netten Mädchen ..."

Eine ähnliche Meinung hatte eine unter Globetrottern recht bekannte Reisepamphlet-Verfasserin in ihrem Panamericana-Führer vertreten. In Patagonien gäbe es nichts zu sehen, das könne man sich getrost schenken. Und als Beweis für ihre These fuhr sie fort: „Patagonien ist derartig trostlos, daß die Bewohner südlich des 45. Breitengrades Steuerermäßigung erhalten." Trotz alledem: wir wollten vom nördlichsten Norden zum südlichsten Süden des Doppelkontinents Amerika gefahren sein, und so ließ sich Patagonien nicht vermeiden. Und der unterste Zipfel Südamerikas, die Insel Feuerland, war ja schließlich das Ziel unserer Träume. Jetzt endlich, so freuten wir uns, würde die zweite Hälfte unsere Wagenaufschrift „Alaska-Patagonia" den meisten unser Reiseziel nahebringen. Was tat es schon, daß man sich über den Ausgangspunkt unserer Fahrt wahrscheinlich vergebens den Kopf zerbrach.

Wie festgenagelt zeigte die Nadel unseres kleinen Autokompasses stur und tagelang nichts als Süden, Süden. Je länger wir auf der Ruta 40, der Panamericana, auf überdimensioniert breiter, dafür aber staubig-steiniger Piste durch immer kargere Landschaft rollten, desto unbeständiger wurde das Wetter. Immer häufiger schüttelten Sturmböen unser Fahrzeug, immer länger aber hielt sich wie auf geheimnisvolle Weise das Tageslicht. So sehr hatten wir uns an die Tag-Nacht-Gleiche der Tropen gewöhnt, daß wir abends immer später in die Schlafsäcke fanden. Jetzt fiel es uns leicht, einen geeigneten Platz für die Nacht zu finden. Hatte uns die Tropennacht nur zu oft überraschend überfallen und damit die Lagersuche sehr erschwert, so fuhren wir jetzt, so lange wir Lust hatten, und wenn wir müde wurden, bogen wir einfach von der Straße ab und stellten schon nach wenigen Metern inmitten von Büschen und Gräsern den Motor ab. Nachts würde bestimmt kein

Nacht auf patagonischer Steppe

Die „Ruta 40" führt durch immer karger werdende Landschaft nach Süden

steineschleuderndes Fahrzeug kommen, kein Langfinger unser Lager taktieren. Der beständige Wind sang uns in den Schlaf, und zum wiederholten Mal nahmen wir uns fest vor, morgen um halb vier Uhr wenigstens einmal aus dem Fenster zu sehen, um den berühmten lichtersprühenden Sonnenaufgang zu erleben.

Nicht der junge Morgen weckte uns, sondern ein Geräusch wie Graszupfen, verhaltenes Schnauben, Hufegetrappel. Hier Wildpferde . . . ? Im fahlen, blauen Dämmerlicht graste rings um unser Auto eine Herde von zehn, fünfzehn Guanakos. Es waren zierliche, lamaartige Tiere, die sorglos an Büschen knabberten und sich gegenseitig spielerisch in die Seiten bissen. Nur das Leittier beäugte uns argwöhnisch, spielte mit den Ohren und versuchte von dem merkwürdigen, hellen Ding mitten in der Steppe Witterung zu bekommen. Ein kurzer Warnlaut, Sprung auf, und wie ein Spuk war die Herde verschwunden. Ursache war das Rascheln eines Schlafsacks. Nur der ewige Wind blies weiter sein Lied und kämmte durch Zweige und Gräser.

Die Tiere hier müssen es schwer haben. Das Land ist flach und bietet kaum Deckungsmöglichkeiten. Was hier überleben will, muß mit den wenigen Nahrungsmöglichkeiten sehr haushalten. Und das Wenige wird noch von den oft riesigen Schafherden streitig gemacht. Überweidung droht überall. Experten geben dem Land nur noch wenige Jahrzehnte, bis es ungeschützt der Erosion preisgegeben ist und damit einer nicht wiedergutzumachenden Verwüstung. Ein Schafleben ist in Argentinien nicht viel wert. Nur ein paar Pfund Fleisch wollten wir auf der kleinen Estancia kaufen und erhielten gleich ein halbes Tier in den Arm gedrückt. „Wir sind keine Metzgerei; wenn ihr mehr wollt, fangt euch einfach ein Schaf. Aber vergeßt nicht, das abgezogene Fell über den Zaun zu hängen." Also gilt es doch noch, das legendäre Gesetz der Wildnis. Allen Unkenrufen zum Trotz ist es dem

Schaffelle sind der Reichtum Patagoniens

Massentourismus noch nicht zum Opfer gefallen. Wir fanden, daß der Hunger schon sehr wühlen müßte, ehe wir es fertiggebracht hätten, einem dieser scheuen, liebenswerten Wollpakete nachzuhetzen und auf offener Steppe das Fell über die Ohren zu ziehen.

Es war Spätsommer und damit die Zeit des Zusammentreibens und Scherens der verwilderten Schafe. In riesigen Korrals standen sie nun dicht an dicht und erwarteten zitternd und bebend ihr Schicksal. Was gepackt wurde, bäumte sich nur kurz auf, ließ ein laut klagendes „Mäh" hören, um dann für immer allen Lebenswillen aufzugeben. Wie gelähmt ließen sie sich von den chilenischen Gastarbeitern drehen und wenden und sich im Akkord aus ihren schmutzig-grauen Filzdecken herausschälen. Ein Tritt ins Hinterteil – vergebens suchten die trommelnden Hufe Halt auf der glitschigen Planke –, und schon schlug das Desinfektionsbad über ihnen zusammen. Kräftige Männerfäuste zogen sie zurück ins Leben, und ungläubig ob der wiedergewonnenen Freiheit, mit stocksteifen Beinen hüpften und humpelten die so Geschundenen in ihrem nun blendenden Weiß zu den Artgenossen, die immer noch zitterten – nun aber vor Kälte. Ständig waren die verwegenen Gauchos im Sattel, riefen ho-hó und olá, schwangen die knallende Peitsche, brüllten die Hunde an, die entweder hechelnd ausruhten oder Schafen in die Hinterläufe bissen und damit kurz auflodernde Panik verursachten. Ein Team verrichtete Sortierdienste im Korral, wo es mit Schwingtüren – wie mit Weichen – alte und junge, gesunde und kranke, männliche und weibliche Tiere rasch voneinander zu trennen verstand. Unentbehrliches Requisit bei der Arbeit war der stets kreisende Matetee-Becher, und ein kleiner Junge hatte nichts anderes zu tun, als aus einem

Schafesortieren im Korral

Kessel fortwährend kochendheißes Wasser nachzuschütten. Groß war jedesmal das Hallo, wenn wir an die Reihe kamen, einen Schluck des zwar gesüßten, aber dennoch gallebitteren Getränks zu probieren, und wir es nicht verhindern konnten, wenn sich unser Gesicht reflexartig zu einer Grimasse verzog.

„No hay yerbamate in Alemania?" „Gibt es das bei euch in Deutschland nicht? Ja, was trinkt ihr denn sonst, wenn nicht Mate?"

Irgendwann mußte sich wohl einmal ein Fotograf mit einer Sofortbild-Kamera hierher verirrt haben, denn überall wurden wir um fertige Abzüge gebeten. Bedauernd, aber innerlich doch froh, zuckten wir mit den Schultern. Das wäre sonst ein teurer Spaß für uns geworden. Don Francisco konnte offenbar leidlich lesen und schreiben und wurde deshalb von seinen Kollegen

Die verwegenen Gauchos sind die Herren der Pampas

belagert, uns Namen und Adresse mitzugeben. Manch einer hatte wohl noch nie ein Foto von sich gesehen. „Ramón Cardozo" oder „José Lopez" stand in ungelenken Buchstaben auf Zettelfetzen, und „Estancia Reserva, Chubut, Argentina". Ob wohl der Postbote je zu ihnen gefunden hat?

Langsam lernten wir Patagoniens Tierwelt durch das Autofenster kennen. Aufgescheuchte Strauße, wild mit den Flügelstummeln schlagend, wechselten in ganzen Herden und im allerletzten Augenblick die Straßenseite. Stinktiere in ihrem herrlichen braun-weißen Pelz ließen sich im Vollvertrauen auf ihre furchtbare Waffe aus nächster Nähe studieren. Kein Reinigungsmittel, heißt es, soll von dem penetranten Geruch befreien können. Neugierige Hunde mit ihren feinen Nasen werden sogar in den Wahnsinn getrieben, so jedenfalls behaupten die Einheimischen. Gürteltiere suchten flink ihr Heil in der Flucht, und wenn wir sie greifen wollten, hatten sie sich schon unerreichbar tief ins Erdreich eingegraben. Die Patagonier nennen sie genießerisch „Braten in der Schale". Endlich entdeckten wir auch die Kondore, riesenhafte Geier, nach denen wir in den Anden vergeblich Ausschau gehalten hatten. Begeistert beobachteten wir mit dem Fernglas ihr wahrhaft majestätisches Flugverhalten und waren nur zu gern geneigt, die charakteristische Knorpelbildung auf dem Kopf als Krone zu deuten. Aber einmal am Boden, waren sie auch nicht besser als die anderen Aasfresser wie Truthahngeier, Karakaras oder Krähen: sie balgten und stritten sich um einen Schafskadaver. Anfänglich konnten wir auch mit den merkwürdigen „Kaninchen" nichts anfangen – ihr Verhalten schien so atypisch. Sie haben eine schwarze Decke und bewegen sich mit den überlangen Hinterläufen eher wie Hunde. Es waren die Pampashasen oder auch Maras, die merkwürdigerweise mit den Meerschweinchen verwandt sind.

Wer im Atlas nachschaut, stellt erstaunt fest, daß Patagonien auf der gleichen Breite der südlichen Hemisphäre liegt wie Mittel- und Südeuropa auf der nördlichen – ein Gebiet etwa von Hamburg bis Neapel. Aber hier heizt kein warmer Golfstrom; ungehindert erreicht der eisige Hauch der nur wenige tausend Kilometer entfernten Antarktis die Gestade Südamerikas. Kein Wunder also, daß die Temperaturen in den Wintermonaten Juni bis August nicht selten unter minus zwanzig Grad Celsius absinken. Eine dicke Schneedecke blockiert dann die Straßen oder macht die Fahrversuche einiger Unentwegter zumindest zum Vabanquespiel; auf Hilfe müßte man hier lange warten!

Aber noch war Sommerzeit, als wir uns dem Lago Argentino näherten. Der Naturpark lockt mit seinem berühmten Gletscher, dem Ventisquero Moreno, ständig Touristen aus Chile, Argentinien und Brasilien und natürlich alle „Panamericaner" an. In wenigen Stunden waren wir von dem kleinen Städtchen Calafate angereist, um das atemberaubende Naturschauspiel aus nächster Nähe zu betrachten. Kobaltblaue Türme und Zinnen erheben sich kulissenhaft in einer etwa sechzig Meter hohen Eiswand senkrecht über dem See und drohen jeden Moment herabzustürzen. Siebzig Kilometer, schreibt der Reiseführer, mißt die Gletscherzunge; Inlandeis, das vom südlichen großen Eisfeld der Andenausläufer herabfließt. Der Moreno ist einer der wenigen Gletscher, die noch auf dem Vormarsch sind, und Reihen zersplitterter und abgeknickter Fichten am Ufer beweisen das nachdrücklich. Wie in einem Amphitheater saßen wir auf dem gegenüberliegenden Hügel, bereit für ein optisch-akustisches Erlebnis. Rechtzeitig für die Filmkamera kündigte sich das Kalben des Gletschers an. Wie Peitschenknallen hallte es, wenn sich die Spannungen im tonnenschweren Eiskörper Raum verschafften, sich dunkelblaue Spalten gähnend auftaten und einige Türme bedenklich Schlagseite bekamen. Wir glaubten zu träumen, als dann ganze Wände berstend ins Gleiten gerieten. Erst langsam, wie in Zeitlupe, dann immer schneller werdend, alles mitreißend, um endlich wie unter Kanonendonner den Seespiegel zu durchbrechen. Jetzt schäumten haushohe Gischtwogen hoch und brachten weitere Eismassen zum Einsturz. Süchtig hätten wir werden können, immer gigantischer wünschten wir uns die Eisabstürze, immer spektakulärer die Kettenreaktionen.

Manchmal hielt der Gletscher für eine Stunde oder mehr den Atem an. Dann richteten wir unseren Blick auf den See, wo es immer noch kochte und brodelte, wo sich die frischgeborenen Eisberge unentschlossen um ihre verschiedenen Achsen drehten. Wie Ungeheuer tauchten sie aus der schwarzen Tiefe hoch, wurden groß wie ein Bungalow, zerbrachen in zwei Teile, versanken, um nach Minuten unvermutet nun doppelt so groß wieder aufzutreiben, bis endlich die Schwerkraft eine Position festhielt. Stundenlang saßen wir im Gras und stellten Vermutungen an, wo und wann gleich wieder Action sein würde. Vom Wirt des Restaurants erfuhren wir, daß die Idylle trügt; der Gletscher hat nämlich schon einige Menschenleben auf dem Gewissen. Vor einigen Jahren hatte die fast drei Kilometer breite Zunge einen Nebenarm des Sees abgeriegelt und ihn über dreißig Meter hoch gestaut. Unvorhergesehen brach dann die Barriere, und die Flutwelle riß einige Besucher in den Tod. Gleiches kann dem zustoßen, der sich unvorsichtigerweise am Seeufer aufhält: jederzeit kann eine größere Wand herunterkommen und in Windeseile eine meterhohe Welle über die Ufer brausen. Eingedenk des horrenden Preises, den Snobs in aller Welt für echtes Gletschereis in ihren Drinks zahlen müssen, hatten wir zur Feier des Tages das sorgsam gehütete letzte Schlückchen Whisky geopfert und beobachteten nun genießerisch, wie die in vorgeschichtlicher Zeit

Der kalbende Gletscher Ventisquero Moreno

unter Hochdruck eingeschlossenen Luftblasen beim Schmelzen des Eises im Glas mit schmatzenden Geräuschen freigesetzt wurden und sogar mit kleinen Fontänen explodierten. Prosit dem guten, alten Ventisquero Moreno! Ob wir ihn wohl jemals im Leben wiedersehen werden? Eine Sternschnuppe verglühte über dem schwach leuchtenden Eisfeld, und schnell hielt jeder seinen geheimen Wunsch fest. Aber soll er in Erfüllung gehen, darf man nicht darüber reden . . .

Endlich am Ziel – Feuerland

Nach weiteren dreihundert Kilometern hatten wir Punta Arenas und damit die Magellan-Straße erreicht. Inzwischen befanden wir uns wieder auf chilenischem Territorium. Die Grenze zu Argentinien verläuft mitten durch Patagonien und Feuerland, und die letzten Tage hatten wir unbehelligt und kaum kontrolliert einige Male von hüben nach drüben und zurück gewechselt. Die überlieferte Geschichte der Wasserstraße geht zurück bis ins Jahr 1520, als Fernando Magellan, portugiesischer Forscher und Entdecker, als erster den Weg durch die Schären und Klippen entdeckte und damit das verhängnisvolle Kap Hoorn umgangen werden konnte. Dreihundert Jahre später sollte übrigens Charles Darwin mit seiner *Beagle* denselben Weg nehmen. Unser lang erträumtes Reisezeil – Feuerland – lag jetzt zum Greifen nahe und winkte mit schneebedeckten Bergen zu uns herüber. Wir brauchten nur noch überzusetzen.

Über die zwei Autofähren hatten wir von entgegenkommenden Touristen schon viel Alarmierendes gehört. „Rangiert euren Wagen gleich rückwärts auf das Schiff", hatte man uns geraten. „In Feuerland ist die Böschung so steil, daß ihr nur im Vorwärtsgang freikommt. Außerdem legen es die Fährleute auf ein Extratrinkgeld an. Wenn ihr euch nicht wehrt, müßt ihr erst ein Stück durchs Meer fahren." Tatsächlich versuchte die Mannschaft durch energisches Winken die Entfernung zwischen Fähre und Ufer auszugleichen. Aber wir waren „geimpft" und dachten im Traum nicht daran, durch eine Salzwasserfahrt den Rostfraß an unserem alten Vehikel auch noch zu beschleunigen. Immerhin standen wir an erster Stelle der Kolonne, und ohne uns ging nichts mehr. Nun setzte ein lautstarker Nervenkrieg ein, in dem es von beiden Seiten Flüche, Proteste und Drohungen hagelte. Selbst einige Touristen, die es wohl sehr eilig hatten, fielen uns in den Rücken. Aber auf Dauer verfügten wir über mehr Zeit. Das Unglaubliche geschah, die Fähre ließ sich nun einige Meter näher ans Ufer ziehen. Auch Planken standen plötzlich zur Verfügung, und jedermann erreichte Feuerland trockenen Reifens. Als wir dann zum Schluß noch „americanos", gehortete USA-Zigaretten, verteilten, herrschte wieder eitel Frieden, und wir wurden sogar mit Handschlag verabschiedet. „Oh, diese verdammten, dickschädligen Gringos!"

Parque Nacional Lapataia auf Feuerland. Hier enden nicht nur „las americas" sondern auch 34 000 Kilometer „Traumstraße". Fast 70 000 Kilometer hatten wir hinter uns; auf der gedachten

Wir sind am Ziel

Linie des Äquators hätte man damit bald zweimal die Erde umrunden können. Wir waren bis zu dem südlichsten Punkt gekommen, den man überhaupt mit dem Auto erreichen kann. Wir fühlten uns stolz und froh und wanderten in Gedanken eineinhalb Jahre zurück, als wir am anderen Ende der Panamericana, in Circle City (Alaska), unter dem Schild „The End of the Road" standen. Unsere Reise war zwar noch nicht zu Ende, aber dennoch würde von jetzt an alles einen leichten Heimwärtsgeschmack tragen.

Nie waren wir Kap Hoorn näher, der wohl am meisten gefürchteten Ecke aller sieben Meere. Das sollte man sich vielleicht einmal aus der Luft ansehen, überlegten wir uns. Aber der Leiter der Fliegerschule in Ushuaia winkte ab. „Schlagen Sie sich das aus dem Kopf. Das Kap ist chilenisches Hoheitsgebiet, und das politische Klima läßt im Augenblick zu wünschen übrig." Aber dann überredeten wir ihn doch.

Als wir eines kühlen, trüben Morgens in der einmotorigen Cessna die Gurte anlegten und in die tiefhängenden Sturm- und Regenwolken starteten, war uns doch recht flau im Magen, und wir verfluchten im stillen unseren Tatendrang. Hatten wir nicht schon genug Abenteuer erlebt und Naturwunder bestaunt in Nord-, Mittel- und Südamerika? Was suchten wir in diesem Sauwetter über Kap Hoorn? Hieß es nicht, das Schicksal versuchen? Zwei weitere Touristen hatten sich zum Mitfliegen überreden lassen, so daß die Kosten gesenkt wurden. Jeder duckte sich in seinen Sitz und dachte, daß es wohl billigere Mittel und Wege gegeben hätten, den Magen rebellisch zu machen, und daß wir mit dem berühmten Blatt im Wind viel gemein hätten. Im turbulenten Auf und Ab hatte der Pilot allle Hände voll zu tun und kümmerte sich kaum um uns. Nach einer Weile wurde er unruhig, schaute immer häufiger auf Karte, Uhr und Kompaß.

Dann ein lakonischer, stummer Daumenzeig nach unten: Kap Hoorn! Vier Köpfe prallten an die Plexiglaskuppel, vier enttäuschte Gesichter blickten sich an. Alles umsonst! Unter uns eine dicke Wolkendecke. Plötzlich ein Schrei: „Da, das Wolkenloch!" Energisch schüttelte der Pilot den Kopf. Viel zu riskant, mag er gedacht haben. Aber er muß sich überrumpelt, überstimmt gefühlt haben . . . und gehorsam tauchte die Cessna ihre Schnauze nach unten. Atemlose Spannung, schneller Pulsschlag, Druck auf den Ohren – und da lag Kap Hoorn genau unter uns: Schären, kahle, graue Felsen inmitten weißgischtigen Meeres. Filmkameras surrten, Verschlüsse klickten. Kein Schiff, kein Wrack, überhaupt kein Zeichen von Lebewesen. Wo sind sie, all die Beweise menschlicher Ohnmacht, hier, wo sich so viele Seemannsschicksale erfüllt haben? Ob auf dem Meeresgrund . . . ? Keine Zeit zum Grübeln. Schon näherten sich schwarze, sturmgepeitschte Regenschleier. Nichts wie zurück nach Ushuaia!

Feuerland! Verheißt der Name nicht Magisches, Geheimnisvolles, zergeht er nicht wie Butter auf der Zunge? Als sich Fernando Magellan vor knapp fünfhundert Jahren dem Archipel genähert hatte, zuckten überall Lichtzeichen an den nebelverhangenen Küsten. Waren es wärmende Lagerfeuer in unwirtlichem Klima oder signalisierten sich die besorgten Wilden die Ankunft der Fremden? – Die Männer Magellans jedenfalls nannten die Insel „Tierra del Fuego – Land des Feuers". Auch Patagonien, das übersetzt „Land der Großfüßler" heißt, verdankt seinen Namen dem Entdecker. Die überdimensionierten Fußabdrücke, die das Seefahrervolk bestaunte, gehörten aber nicht den vermuteten Fabelwesen, sondern Indianern, die ihre Füße mit dicken Fellen vor der Kälte zu schützen wußten. Vor wenigen Jahren starb unbeachtet der letzte Feuerländer, ein Yahgan, im Marinelazarett von Ushuaia. Heute erinnern nur noch schlichte, mit Holzzäunen

Stilleben bei Ushuaia

umsäumte Indianergräber an das einstige Leben der Urbevölkerung, deren Stunde mit der Ankunft des weißen Mannes geschlagen hatte. Außer einem wohlklingenden Namen und dem Rekord, mit Ushuaia eine Stadt zu beherbergen, die mit knapp 55 Grad südlicher Breite die südlichste Stadt der Welt ist, hat Feuerland nichts zu bieten, was nicht Patagonien auch hätte. Dennoch drängen sich in der Saison die Touristen, vor allem in der „Zona Franca", der Freihandelszone Ushuaias, um bei maßlos überhöhten Preisen „günstig" einzukaufen. Außerdem kommen die Mannschaften der argentinischen Marine und die der Eisbrecher vieler Nationen, die Ushuaia aus der Antarktis zum Bunkern anlaufen. Das Geschäft mit Tand, Souvenirs und Kitsch blüht.

In Rio Gallegos, nach unserer Karte eine größere Stadt, wollten wir unseren geschrumpften Peso-Bestand durch Umtausch auf

Dollarbasis wieder auffüllen. Was wir in der Bank erfuhren, verschlug uns die Sprache: Fast ein Viertel mehr würden wir für unsere Dollars bekommen als noch vor sieben Wochen. Aber aus einem Leben in Saus und Braus wurde dennoch nichts, denn die galoppierende Inflation hatte unseren schönen Kursgewinn längst aufgefressen. Wie wohl die Argentinier damit fertig wurden?

Zum Tauschen kamen wir zunächst nicht, aus Angst vor Falschgeld verwies uns eine Bank an die andere, bis sich schließlich eine Sparkasse fand, die uns zehn einzelne Dollarnoten zu wechseln versprach. Kleiner Schönheitsfehler: die eingehandelten *pesos argentinos* hätten nicht einmal ausgereicht, die Bankspesen zu decken. Also mußten wir mit unseren Dollars privat hausieren gehen. Ein gemütlicher Kolonialwarenhändler erbarmte sich unser, ein schneller Blick aus der Ladentür, und die Scheine verschwanden im Sparstrumpf. Der Besitz fremder Valuta stand nämlich unter Strafe. Ausländische Touristen hatte man bei dem Erlaß geflissentlich vergessen. Daher hörten wir immer wieder von Fällen, wo auch deutschen Reisenden bei Polizeirazzien „legal" alles Geld bis auf die schon gewechselten Pesos abgenommen worden war. Für diesen Fall lagen in unserer Kassette gleich zuoberst sauber gebündelt mehrere tausend Mark – das alte deutsche Inflationsgeld, das uns auch vor Banditen niederer Art schützen sollte. Und dann hatten wir uns angewöhnt, das Reizwort Dollar in der Öffentlichkeit nicht mehr zu benutzen. Wir machten es den deutschstämmigen Argentiniern nach und sprachen statt dessen von „Salat", in Anlehnung an das gemeinsame Grün. Deutsche Mark wurde in „Leberwurst" umgetauft.

Im Tierparadies von Valdés

Die argentinische Halbinsel Valdés ist der einzige Ort auf dem Festland der Erde, wohin die urweltlich aussehenden See-Elefanten aus antarktischen Gewässern kommen, um zu werfen und ihre Jungen aufzuziehen. Vom Zoo her kannten wir sie längst; aber es war schon etwas anderes, wenn man in freier Wildbahn vor den mächtigen Tieren stand, die wie gefällte Riesen auf kiesigem Strand schliefen und vernehmlich verdauten. Wir waren begeistert und fühlten uns in den Garten Eden versetzt. Robbten wir auf dem Boden heran, beachteten uns die Tiere überhaupt nicht und ließen ihren Kopf aus allernächster Nähe formatfüllend fotografieren. Aber nicht nur wegen ihres stechend-strengen Eigengeruchs empfiehlt sich eine gewisse Distanz. Unübersehbare Warntafeln machten auf die Gefahr plötzlich angreifender Tiere aufmerksam. Ein Mensch hätte nicht die geringste Überlebenschance.

Manche Tiere bluteten aus faustgroßen Löchern in der Speckschicht, und wir erfuhren auch bald, warum. Kamen sich zwei Bullen zu nahe, erhoben sich beide zu imponierender Größe, bliesen ihre rüsselartige Nase auf und zeigten fauchend furchtbare Eckzähne in blutrotem Rachen. Manchmal ließen sich beide zu kurzem Kampf hinreißen. Dann übertönte ihr dröhnender Schlachtruf weithin die Brandung und ließ den Strand erzittern. Mit unvermutet schnellen Bewegungen versuchten beide, sich die Zähne in den Hals zu rammen. Wollte dennoch keiner weichen, konnte sie plötzlich alle Wut verlassen. Aufstöhnend sanken sie einträchtig nebeneinander zu Boden und sanken laut schnarchend

Schlachtruf eines See-Elefanten

in tiefen Schlaf. Wieviel eleganter wirkten da doch die Elefantenkühe, die zärtlich miteinander spielen konnten. Mit ihren handartigen Flossen streichelten sie sich gegenseitig liebevoll über den Kopf, und für einen Moment vergaßen wir fasziniert, daß sich hier doch „nur" Tiere in der Brandung vergnügten.

Bis in dieses Jahrhundert hinein mußte der See-Elefant schwere Verfolgungen über sich ergehen lassen. Haufen ausgeblichener Knochen an kilometerlangen Stränden zeugen noch heute von dem Gemetzel der Robbenschlächter. Inzwischen, so hörten wir, bevölkern wieder um die 600 000 Rüsselrobben die Südmeere.

Weiter landeinwärts lärmte eine Kolonie von Magellan-Pinguinen. Wie kläglich hörte es sich an, wenn sie in ihren Erdgruben sitzend die kurzen Flügelflossen nach hinten streckten, den

Auch See-Elefanten können zärtlich sein

Schnabel zum Himmel reckten und dann einen langgezogenen Schrei ausstießen, der wohl noch am ehesten mit dem eines traurigen Esels vergleichbar ist. Nicht jeder Pinguin konnte eine Höhle sein eigen nennen; die Nachfrage war groß, das Angebot knapp. So sahen wir einen Vogel gleichsam auf Zehenspitzen in einem vermeintlich leeren Bau verschwinden, um gleich darauf laut zeternd unter gezielten Schnabelhieben und wütendem Flossentrommelfeuer des Besitzers wieder hervorgeschossen zu kommen. Andere „Habenichtse" wählten kurz entschlossen den überdachten Raum unter unserem Fahrzeug als ihr Zuhause, das sie energisch und lautstark selbst nach Sonnenuntergang gegen jeden Eindringling verteidigten. Diese Nacht zählte nicht zu unseren ruhigsten!

Der nächste Morgen weckte uns mit warmen Sonnenstrahlen. Aber wir waren müde und wollten noch ein wenig liegen bleiben.

Was machten die Pinguine, warum war es nur so still draußen? Blinzelnd öffneten wir die Flügeltüren, doch das Gähnen blieb uns im Halse stecken. Wir wurden bereits erwartet! Halbkreisförmig umstand eine Schar Befrackter unser Schlafzimmer und starrte vorwurfsvoll herein. Andere watschelten flugs hinzu und stellten sich in die hinteren Reihen. Ob sie etwas gegen Langschläfer hatten? Beschämt schlossen wir die Tür wieder und standen schnell auf.

Der Platzwart empfing uns brummig, hatten wir doch das Verbot in den Wind geschlagen und mitten in der Pinguinkolonie übernachtet. Später, als wir ihm von unserer Reise erzählten, taute er auf. Die Europäer, bekannte er, seien ihm die liebsten. Die Einheimischen, vor allem aber die Brasilianer, seien äußerst brutal – „mui brutos" – zu den Tieren. Erst gestern habe er einen

Pinguinkolonie auf Valdés

Brasilianer, der mit dem Gewehr auf Pinguine schoß, mit vorgehaltener Pistole entwaffnet und der Polizei übergeben. Wie zur Bestätigung seiner Worte sahen wir, wie ein Besucher eine Herde Pinguine über die Klippen scheuchte; einige Tiere gerieten ins Stolpern und stürzten, andere trampelten in Panik über sie hinweg. „Vete al Diablo – zum Teufel", knurrte unser Wärter und griff zur Dienstmütze.

Viele Pinguin-Gerippe lagen am Strand. Das erschien uns auch ganz natürlich, lebten doch hier über sechs Millionen dieser Tiere auf nur zweieinhalb Quadratkilometern dicht beisammen. Aber wir sahen auch Pinguine, denen eindeutig der Mensch durch Meeresverschmutzung einen grausamen Tod bescherte. Sie standen isoliert am Strand, mit hängendem Kopf und hängenden Flügeln, das Gefieder mit schwarzem Teer verschmiert, den sie sich in verzweifeltem Reinigungsversuch über den ganzen Körper verteilt hatten. Nicht zuletzt auch wegen der Vergiftung sind sie unrettbar verloren. Um sie herum, gleich einem geduldigen Publikum, lauerten die ewig hungrigen Möwen. Sollte vor diesem Tierparadies einmal ein Tanker stranden – nicht auszudenken!

Es hieß Abschied nehmen von Valdés, Abschied von Robben, Pinguinen, Seeschwalben und Möwen. Auf holpriger Piste verließen wir das Naturschutzgebiet, eine Straße, auf der laut Verkehrszeichen Pinguine bevorrechtigt kreuzen. Zurück blieb auch Patagonien, das wir eher skeptisch betreten, nun aber zu lieben gelernt hatten. Eines Tages würde man uns fragen, wo es am schönsten gewesen war, und unsere Antwort stand jetzt schon fest: Hier war es am schönsten! Nun erschien uns auch die Autorin des Panamericana-Führers in neuem Licht. Wie Schuppen fiel es uns von den Augen: Natürlich hatte sie nur ein Paradies vor dem Touristen-Ausverkauf bewahren wollen, als sie keck schrieb: „Patagonien könnt ihr euch schenken ..."

Abschied von den Seeschwalben

Argentinien – Leben mit der Gefahr

Vor Wochen hatten wir sie im einsamsten Patagonien getroffen, irgendwo zwischen Rio Gallegos und Comodoro Rivadavia: den Deutsch-Argentinier Himmel mit Frau und zwei Söhnen in ihrem schicken Mercedes. Der linke Vorderreifen war platt und auch das Reserverad. Seit über vierundzwanzig Stunden standen sie allein auf patagonischer Flur, und wenn wir nicht gekommen wären . . . Mit unseren Reifenmontiereisen, einem neuen Schlauch und der Fußpumpe war aus einem hungrigen, frierenden und übernächtigten Häufchen Elend wieder eine fröhliche Familie geworden, die uns herzlich einlud, auf unserer Weiterfahrt nach Norden bei ihr in Buenos Aires Station zu machen.

Im noblen Vorort Palomar, in der Nähe der Straßen „Aviador Udet" und „Aviadora Hanna Reitsch", standen wir nun vor der angegebenen Adresse, einem kleinen Bungalow. Aber merkwürdig, kein Namensschild an der Tür verriet den Bewohner, weder hier noch an den Nachbarhäusern.

„Si", bestätigte uns die Muchacha, das Dienstmädchen, durch den kettengesicherten Türspalt, „si, die Himmels wohnen hier, aber sie sind heute nicht da; vielleicht mañana."

Also morgen, das Lieblingswort aller Südamerikaner. Aber was tun so lange, wo bleiben wir in dieser Riesenstadt? Im „lovers park", hatten wir von englischen Campern irgendwann einmal erfahren, mitten im Zentrum von Buenos Aires, könne man garantiert ungestört schlafen. Die ganze Nacht sei Betrieb, und das gegenüberliegende Restaurant schließe erst am frühen Morgen. Eine bessere Adresse gab es nicht, also auf zu den Liebenden. Nach Sonnenuntergang füllte sich der Park. Diskret hielten sich die Autos hinter Büschen versteckt, die Scheiben von innen dicht beschlagen. Fahrzeuge kamen und gingen, Motoren liefen, wir hörten Kichern und das Schlagen von Türen. An Schlaf war nicht zu denken. Gegen neun Uhr klopfte es zum erstenmal. Der Kellner von gegenüber bot uns Bier oder Limonade an. Langsam ebbte die Unruhe ab, und wir fielen in ersten Schlaf. Plötzlich barsches Poltern an der Tür: „Policia!" Na, das konnte ja heiter werden! Verschlafen öffneten wir die Tür einen Spalt und herein schob sich der Lauf einer Maschinenpistole. Notdürftig bekleideten wir uns, und nach Prüfung von Fahrzeug und Papieren ließ man uns wieder in die Schlafsäcke kriechen. Nach Mitternacht schreckte uns abermaliges Klopfen aus dem Schlaf. Diesmal umstanden Soldaten mit Stahlhelm und Kugelweste unser

„Schlafzimmer", die Schnellfeuergewehre im Anschlag. Mit erhobenen Armen und leicht verstört krochen wir halbnackt auf die Straße. Zum Kuckuck, von wem stammte eigentlich die idiotische Idee, hier zu campieren?! Für den Rest der Nacht würde man uns in Ruhe lassen und würde auch der Ablösung Bescheid sagen, versprachen sie und brausten in ihrem Jeep davon.

Nun hatten auch wir am eigenen Leibe erfahren, daß Argentinien sich im Ausnahmezustand befand. Isabel, die Witwe und Nachfolgerin des Diktators Perón, war von den Militärs gestürzt worden und sah in Untersuchungshaft einer düsteren Zukunft entgegen. Aber die Montoneros, Aufständische vor allem im Norden bei Tucumán und Salta, sorgten weiter für Unruhe und provozierten die neuen Machthaber zu drakonischen Sicherheitsmaßnahmen. Wir brauchten uns also nicht zu wundern, wenn wir gleich noch einmal geweckt würden. Zur Abwechslung waren es Zivilisten, die uns im Morgengrauen aus den Betten hochschreckten. In ihren schwarzen Lederjacken mit schweren Pistolen im Halfter sahen sie zum Fürchten aus, wie Gangster aus dem Wilden Westen.

„Übernachten ist hier streng verboten. Lassen Sie sich nicht noch einmal blicken!"

„Keine Sorge, das versprechen wir Ihnen feierlich!" Trotz aller Müdigkeit mußten wir lachen. Den „lovers park" hatten wir uns so ganz anders vorgestellt.

Wieder läuteten wir bei den Himmels.

„Nein, die Herrschaften sind noch nicht zurück, vielleicht mañana", hieß es wieder. „Wer sind Sie denn eigentlich?" fragte das Mädchen vorsichtig.

„Aubert und Müller, Bekannte aus Patagonien." Als hätten wir „Sesam öffne dich" gemurmelt, sprang die Tür auf, und da stand der Hausherr persönlich und empfing uns freudestrahlend.

„Ja", lachte er, „im Gegensatz zu euch in Deutschland haben wir gelernt, mit dem Terrorismus zu leben. Entführungen gehören hierzulande zum Alltag; die Zeitungen berichten schon gar nicht mehr darüber."

Auch den Mercedes fanden wir wieder – im hintersten Winkel der Garage unter einer dicken Staubschicht.

„Gehört auch zu meinem Selbstschutz-System", brummte Herr Himmel. „Wer überleben will, fährt bescheidene Automarken oder am besten mit dem Stadtbus."

Am selben Abend noch wurde ein großes Churrasco-Essen veranstaltet, der berühmte argentinische Grill. Einige Freunde stießen dazu, und bei Steaks und einheimischem feurigem Rotwein wurde Patagonien noch einmal lebendig, pfiff der Sturm von Kap Hoorn, schrien die Pinguine und wälzten sich die See-Elefanten. Vor allem die schicksalhafte Autopanne und die glückliche Errettung, inzwischen zum Abenteuer hochstilisiert, wollte nun keiner mehr missen. Aber als die politische Lage zur Sprache kam, wurden alle ernst. Geschichten von tolldreisten Überfällen der Montoneros auf Geschäfte und Restaurants machten die Runde. Jeder wußte aus eigener Anschauung Erlebnisse von nächtlichen Schießereien, Bombenexplosionen und Mordanschlägen zu berichten.

So mußten wir uns daran gewöhnen, während der Nacht das Tuckern von Maschinengewehren zu hören, zu einer Zeit, wo sich freiwillig niemand mehr auf die Straße wagte. Nicht gewöhnen konnten wir uns bei der Weiterfahrt an die ständigen Polizei- und Militärkontrollen. Nach einem genau vorgeschriebenen Ritus mußten wir langsam aussteigen, beide Hände auf das Autodach legen und uns gefallen lassen, von oben bis unten auf Waffen abgetastet zu werden. Erst wenn auch noch das Wageninnere durchsucht und die Papiere geprüft worden waren, senkten sich die Gewehrläufe. Alles das war wenig dazu angetan, unbeschwerte Reisestimmung aufkommen zu lassen. Uns fiel dann immer die Geschichte von dem französischen Touristen ein, der bei Dunkelheit ein Stoppsignal zu spät erkannt und darum seinen Wagen erst fünfzig Meter weiter zum Halten gebracht hatte. Erregte, junge Polizisten zerrten ihn vom Fahrersitz und verprügelten ihn brutal vor den Augen seiner Freundin. Auf großen Plakaten und im Fernsehen baten die Behörden um Verständnis für die Maßnahmen, aber wen wir auch trafen, ein jeder war verbittert und sprach hinter vorgehaltener Hand von einem Kräftemessen der verschiedenen Institutionen auf dem Rücken der Bevölkerung.

Der landschaftlich reizvolle Norden Argentiniens mit Cordoba und Salta stand als nächstes auf unserem Programm. Von den Aufständischen hatten wir nichts zu befürchten, wohl aber zunehmend von den vielen verschiedenen Kontrollorganen. Immer häufiger nun stoppten uns uniformierte und zivile Streifen. Es waren meist junge, einfache Burschen, die wohl nicht lesen und schreiben konnten und deshalb die Bildseiten der Reisepässe besonders intensiv studierten; Einreisevermerke und Aufenthaltsgenehmigungen interessierten niemanden. Aber alle wollten unsere Ausrüstung sehen. Wenn sie dann ihre begehrlichen Blicke über Fernglas, Tonbandgerät und Fotoausrüstung schweifen ließen, gefror unser zur Schau gestelltes Lächeln. Wie hatten uns die Himmels in Buenos Aires beschworen? „Im Zweifel sofort hergeben, was euch unter einem Vorwand sowieso genommen wird.“ Hatten wir nicht auch schon genügend deutsche Touristen getroffen, die grundlos auf offener Straße festgenommen worden waren? Meist schmorten sie einige Tage in Polizeigewahrsam, ehe man sie mehr oder weniger gerupft wieder freiließ. Noch waren wir ja Herr unserer Entscheidungen. Am besten, wir verlassen diesen Polizeistaat auf kürzestem Wege; auf nach Brasilien!

Wenn wir inzwischen auch Routiniers im Überschreiten von lateinamerikanischen Grenzen waren, das Gefühl von Lampenfieber wollte nicht weichen. Jetzt zitterten wir sogar ein wenig, als wir dem dickleibigen brasilianischen Zöllner die Wagenpapiere vorlegten. Unser Carnet trug den rotgedruckten Vermerk: Nicht gültig für Brasilien. Und so kam, was kommen mußte. Wir seien herzlich willkommen, meinte der Beamte trocken, aber ohne Auto. Da standen wir nun und ließen die Köpfe hängen. Nach Argentinien wollten wir auf keinen Fall zurück; Brasilien, worauf wir so gehofft hatten, wollte uns wegen einer Formalität nicht haben. Ringsum lange Gesichter, selbst der Zöllner schien zu leiden. Ob wir denn keine anderen Dokumente hätten, bohrte er, wir sollten doch noch einmal genau nachdenken. Unsere seit Jahren abgelaufene internationale Zulassung, für alle Fälle griffbereit im Handschuhfach, fiel uns vage ein. Vielleicht war dort unter den vielen Mitgliedstaaten auch Brasilien aufgeführt. Tatsächlich! Aufatmen, Stempel irgendwo hinein, freudiges Händeschütteln, von Gepäckkontrolle keine Rede . . . Brasilien, hier sind wir!

Deutsche „Aussteiger" in Brasilien

Brasilien schien keine Polizei zu kennen, jedenfalls sahen wir fortan keine Uniformen mehr. Wieviel unbeschwerter kam uns das Land vor, wieviel fröhlicher und lebensbejahender die Menschen. Argentinien als Kontrast lag wie ein Alptraum schon weit zurück. Noch etwas gefiel uns an Brasilien: der Anblick der vielen VW-Käfer und -Busse im Straßenbild. Uns hatte es nämlich doch noch erwischt. Nach der großen Überholung in La Paz hätten wir eigentlich ohne Motorpanne über die Runden kommen müssen. Gehätschelt und getätschelt hatten wir die Maschine. Doch dann, wohl auf der endlosen Rüttelpiste Ruta 40, waren die Ventildeckel-Dichtungen verrutscht und Sand und Staub in den Ölkreislauf gespült worden. Schnell verschlissen Kolbenringe und Lager und machten unsere schöne Überholarbeit bei den Fassels zunichte. Pech gehabt, und doch Glück im Unglück! Denn hätte uns nicht ein Leidensgenosse aus Deutschland von eben demselben Mißgeschick erzählt, wir wären gefahren bis zum bitteren Ende. Jetzt mußte schleunigst gehandelt werden, wollten wir nicht mehr Öl als Benzin verbrauchen.

Florianopolis, Hauptstadt des Bundesstaates Santa Catarina, hell und licht, wunderschön auf einer Insel gelegen und nur durch zwei Brücken mit dem Festland verbunden, schien uns der rechte Platz für die Reparatur. In der VW-Vertretung kamen wir erst gar nicht dazu, unser Anliegen vorzutragen. Ehe wir's uns versahen, standen wir an der kleinen Kaffeebar und genossen unseren kostenlosen Cafesinho, ohne den angeblich kein Brasilianer leben kann. Wer auf sein Fahrzeug wartet oder mit dem Mechaniker die Mucken seines Autos bespricht, nimmt gern diesen Service in Anspruch. Unsere Maschine wollten wir gern selbst reparieren – schon der inzwischen abgemagerten Reisekasse zuliebe. Ob wir denn Automechaniker seien und uns mit der Technik auskennten? Das sei, sozusagen, beinahe unser Beruf, schwindelten wir, wobei wir uns dankbar ausmalten, daß unser Spanisch-Portugiesisch-Kauderwelsch kaum verständlich sein konnte.

„Na gut, Kollegen", hieß es, „helft euch selbst. Nachher könnt ihr die heißen Duschen benutzen. Mittagessen gibt's in der Kantine. Fühlt euch wie zu Hause!"

Wie würde es wohl einem hilfesuchenden brasilianischen Touristen in Deutschland ergehen, philosophierten wir beschämt.

Florianopolis, Hauptstadt des Bundesstaates Santa Catarina

Dann ging es unter den kritischen Blicken der „Kollegen" an die Arbeit. Aber wir waren wohl längst durchschaut; von allen Seiten kam unaufgefordert Hilfe, bis uns schließlich resolute Ellenbögen ganz verdrängten. Pleuellager, Kolbenringe und Ölpumpe waren schnell ausgetauscht, der Motor zusammengesetzt und wieder eingebaut. Zum Feierabend quetschte sich ein Gutteil der Belegschaft in unser kleines „Wohnzimmer", um mit Cachassa, dem hochprozentigen Nationalgetränk, auf die gelungene Arbeit und einen glücklichen Reiseausgang zu trinken. Wir hätten die Welt und besonders die Brasilianer umarmen können.

„Grüß Gott, ihr Bonner." Ein offensichtlich waschechter Bayer mit Krachledernen war aus seinem Camper gesprungen und hielt im Sturm, der über die Pampa brauste, seinen Gamsbarthut fest. „Ich bin Deutscher, lebe aber seit 25 Jahren in São Paulo. Wenn

Die Millionenstadt São Paulo

ihr mich mal besuchen kommt, kann ich euch einiges über Brasilien erzählen." Damit überreichte er uns eine Visitenkarte. „Lorenz Heilmair, Kunstmaler", lasen wir. Im ungemütlichen Wetter war er schon wieder in seinen brasilianischen VW-Bus geschlüpft. Seine junge, hübsche Tochter saß am Steuer und winkte lachend zu uns herüber, dann hatte die beiden wieder die Pampa geschluckt.

Dieses Erlebnis lag schon eine Weile zurück, und nun standen wir vor seinem Haus in Brooklin Paulista, einem Vorort der Millionenstadt São Paulo. „Arte Sul" stand auf dem Firmenschild. Wir waren offensichtlich in eine Glasbläserei geraten – ihr Chef war jener Bayer aus der Pampa.

„Ich stelle Echt-Antik-Glas nach mittelalterlichen Verfahren her", hörten wir staunend. „Es gibt nur noch wenige auf der Welt, die das beherrschen."

Dabei sah es ganz einfach aus: Erst wurde ein Zylinder geblasen, der Boden abgeschnitten, die nun entstandene Hülse aufgeschlitzt und zu einer Scheibe geglättet. An anderer Stelle setzten geschickte Hände aus dem bunten Werkstoff bleiverglaste Lampen zusammen, ähnlich wie Tiffany um die Jahrhundertwende.

Beim gemeinsamen Mittagessen lernten wir die ganze Familie kennen. Frau Heilmair kümmerte sich um den Haushalt, zwei Söhne und zwei Töchter arbeiteten mit im Geschäft. Nicht immer war es ihnen so gut gegangen wie heute, aber seit ein paar Jahren hatten sie ihr Absatzgebiet über Südamerika hinaus auch nach Europa ausdehnen können. Neben Lampen exportierten sie echte Butzen, Glasbausteine und künstlerisch hochwertige Türverglasungen. Die neue Kathedrale in der Innenstadt von Rio sollten wir uns unbedingt ansehen, bestürmten sie uns. Die Entwürfe und die Ausführung der 76 Meter hohen Kirchenfenster stammten von ihnen. Auch die Fassade der Staatsbank – eine Glas-in-Beton-Arbeit – käme aus ihrer Werkstatt.

Lorenz Heilmair war nach dem Krieg „nur für ein oder zwei Jahre“ nach Brasilien gekommen, um beim Ausmalen von Kirchenschiffen mitzuwirken. Aus den geplanten zwei Jahren wurde ein ganzes Leben. Sein Schicksal steht für das vieler tausend deutscher Auswanderer, die mit Zähigkeit, Fleiß und Können in der Neuen Welt Fuß faßten. Vor allem der Bundesstaat Santa Catarina und die Stadt Blumenau wurden von den Deutschen geprägt.

„Haben Sie nie Heimweh gehabt und Ihren Entschluß bereut?“

„Nein, ich kenne ja das Nachkriegsdeutschland, habe es einige Male als Besucher erlebt“, erwiderte Herr Heilmair. „Aber dieses Gewühl bei euch, diese Hektik! Und alles erscheint mir so klein und reglementiert. Mein Leben hier ist freier und irgendwie echter, auch wenn wir noch lange nicht euren Wohlstand erreicht haben.“ Wie oft hatten wir unterwegs die gleichen Argumente gehört; kein Zweifel, es muß etwas daran sein!

Rio de Janeiro. Schon lange nicht mehr Hauptstadt, aber immer noch überschäumendes Zentrum brasilianischer Lebensfreude, Möchtegernwohnsitz der meisten. Im brandenden Autoverkehr, dem wohl rücksichtslosesten aller lateinamerikanischen Städte, kamen wir uns klein und verlassen vor. Auch ein Fußmarsch in feucht-heißer Tropenluft inmitten metall- und spiegelblitzender Hochhausfassaden, brachte uns nicht in die erhoffte Hochstimmung. An den verlassenen Stränden von Ipanema und Copacabana brach sich eine gelangweilte Brandung, und vergebens hielten wir Ausschau nach den berühmten knackigen Tangamädchen. Statt dessen wurden wir Zeuge, wie eine freche Diebesbande ungeniert am Strand geparkte Autos aufbrach. Das ging in aller Seelenruhe und unter den Augen vieler Schaulustiger vor sich, die ringförmig den Tatort umlagerten.

Oben, vom 700 Meter hohen Corcovado, segnete die Christusstatue Stadt und Menschen, gleichsam alle Missetaten von vornherein vergebend. Es sei nicht ratsam, hieß es immer wieder unter Touristen, die Dschungelfahrt zu diesem weltbekannten Aussichtspunkt nach Einbruch der Dunkelheit zu wagen. Oft würden Autofahrer in die Falle gelockt und ausgeraubt. Was also tun, wenn man den einzigartigen Sonnenuntergang hoch über der Stadt erleben möchte? Wir fanden auf der Parkplattform, die sich wenige Meter unterhalb der Statue auf Betonpfosten an die steile Bergflanke schmiegt, einen idealen, kühlen Übernachtungsort. Der Nachtwächter vom Dienst ließ hocherfreut die gespendete Packung Americano-Zigaretten in die Hosentasche gleiten. Als die ersten Lichter in der Stadt angingen, nur funkelnde rote und gelbe Punkte die Straßenführungen markierten, als Meer und Himmel zusammenfließen wollten und eine orangefarbene Mondsichel wie ein Kinderballon aus düsterem Urwald aufstieg, war alle Unbill vergessen und der schwer angeschlagene Mythos von der Metropole an der Guanabarabucht wiedererstanden. Schwach nur trug der Seewind das Tuckern der letzten heimkehrenden Fischerboote empor, deren rote und grüne Positionslaternen unter der schwarzen Silhouette des Zuckerhuts die Nacht durchzogen.

Dies war auch die Stunde der handtellergroßen und oft bizarren Nachtfalter, die von dem grellen, weißgrünen Scheinwerferlicht angelockt gegen das haushohe Monument prallten und abstürzten. Scharen von schattenhaften Fledermäusen machten Jagd auf alles, was umhertaumelte, und erste Nebelschwaden tanzten um den segnenden Christus. Abends um zehn Uhr waren auch die letzten Besucher lärmend wieder abgefahren; die Andenkenbuden hatten längst geschlossen. Wir waren unter uns, mit dem Wärter, der rauchend seine Stadt betrachtete, und mit einigen fetten Katzen, die sich über die betäubten Falter hermachten und sie knackend verspeisten.

„Wir werden in der Mitte unseres Landes ein mächtiges Zentrum der Ausstrahlung des Lebens und des Fortschritts schaffen", hatte einst Präsident Kubitschek verkündet und damit den Grundstein Brasilias, der neuen Hauptstadt des riesigen Landes, gelegt. Der Umzug in die Einöde war den davon betroffenen Cariocas, wie sich die Einwohner Rios nennen, nicht leichtgefallen. Wie es heißt, mußte den meisten diplomatischen Vertretungen massiv auf die Sprünge geholfen werden. Heute, zwanzig Jahre später, will am Freitagabend die Kette der Jets, die vom sonst so verträumten Flughafen Brasilias nach Rio starten, nicht abreißen, quellen die Strände von Leblon und Ipanema von Menschen über, während an dem künstlichen See inmitten Brasilias, der als Erholungszentrum gedacht war, einsame Schilder vor dem Baden im verseuchten Wasser und dem Genuß geangelter Fische warnen. Einige Zurückgebliebene waschen sonntags nachmittags ihre Autos an schlammigen Gestaden. Am Rande der Geschäftsviertel haben sich die ersten Slums gebildet, und in der futuristisch anmutenden Architektur des Erbauers Oscar Niemeyer klaffen bereits erste Risse, bröckelt der Putz vom Kongreßgebäude. Aber Autofahren macht Spaß hier, denn es gibt nur wenige Straßenkreuzungen und kaum Verkehrsampeln. Doch die Fußgänger taten uns leid, die sich auf den überbreiten Avenuen wie Ameisen in Zeitlupe ausnahmen. Wer die Stadt verlassen will, wird sofort von der Wildnis umfangen; hart markiert unübersehbares Buschland Brasilias Grenze.

Vor der bundesdeutschen Botschaft, wegen ihres klobigen Aussehens von der Bevölkerung scherzhaft „Panzerkreuzer Potemkin" genannt, trafen wir den Österreicher Gottfried Rossmann, der wie so viele europäische Techniker nach Errichtung der Stadt in Brasilien hängengeblieben war. Nicht ohne Stolz erzählte er von „seiner" Flugplatz-Notstromanlage, von den modernen elektronischen Installationen, dem technischen Raffinement des Towers und den überdimensionalen Ausmaßen des Flugfeldes, alles drei Nummern zu groß, denn Brasilia wird nur von einigen Inlandslinien angeflogen. So manchen Abend saßen wir bei Grillengezirpe vor seiner gemütlichen Chacra, dem kleinen Hof mitten im Busch, und im Schein der flackernden Petroleumlampe erzählten wir von Deutschland und wie es sich in den letzten zwanzig Jahren verändert hat. Die Rossmanns schüttelten den Kopf.

„Wofür braucht man Waschmaschine, Fernseher und Tiefkühltruhe? Wir hätten uns hier längst Elektrizität legen lassen können. Aber wofür? Licht und Kühlschrank laufen auf Petroleum, das Transistorradio auf Batterien – sonst brauchen wir nichts", meinten sie, und es klang überzeugend. Man hätte neidisch werden können. Ähnlich wie die Heilmairs in São Paulo verspürten auch unsere Gastgeber keine Neigung, wieder nach Europa zu gehen.

„Wo soll man denn da zum Beispiel noch jagen und fischen?" wandten sie ein. „Ist doch alles verboten in Österreich, und obendrein so eng und klein. Dagegen die riesigen Flächen unberührter Natur in Amazonien! Wart ihr da eigentlich schon?"

Das war unser Stichwort. Sollten wir uns den Amazonas entgehen lassen? Wo wir schon 100 000 Kilometer von Alaska aus gefahren waren, käme es doch auf die restlichen 2300 Kilometer nach Belem an der Amazonasmündung auch nicht mehr an. Aber Autofahren in Brasilien war teuer und der Sprit schlecht. Bei einem Verbrauch von zwölf Litern auf 100 Kilometer müßten wir mit fast 300 Litern Benzin rechnen; multipliziert mit DM 1,45 würde uns der Spaß rund DM 450,– kosten, nur für eine Strecke! Und auf der Straße, die voll asphaltiert war, sollte es nichts zu sehen geben als Urwald und noch einmal Urwald. Aber wir wußten aus Erfahrung: spätestens zu Hause würden wir uns Vorwürfe machen, wegen schnöden Geldes auf Unwiederbringliches verzichtet zu haben. Auf nach Amazonien, und wenn wir Teller waschen müßten, um nach Hause zu kommen – damals konnten wir noch nicht ahnen, wie nahe wir damit der Realität kamen!

Im Reich der Grünen Hölle

Belem, tropische Hafenstadt am 300 Kilometer breiten Amazonasdelta. Darin haben Inseln Platz, die so groß sind wie die ganze Schweiz. Milchig-trüb gluckst Amazonaswasser, kaum eine Strömung erahnen lassend. Und doch schiebt sich der Strom bei Ebbe über 200 Kilometer ins Meer und sorgt mit täglich Tausenden von Tonnen Sinkstoffen für eine weitere Verlandung seiner Mündung. Schade, daß unser treuer Camper nicht auch noch schwimmen kann wie ein Amphibienfahrzeug, denn hier enden alle Landstraßen. Wer weiter will, muß auf das Boot umsteigen.

Die Atmosphäre des amazonischen Tieflandes ist unverwechselbar, und alles erinnerte uns jetzt daran, daß wir vor Monaten hier schon einmal „hereingerochen" hatten, wenn auch auf der anderen Seite des Kontinents. Auf der Fahrt nach Süden entlang der peruanischen Küste hatten wir damals – unendlich lange schien uns das schon her – die Panamericana verlassen, um von Lima (Peru) aus einen Abstecher nach Pucallpa an den Quellflüssen des Amazonas zu unternehmen. Zunächst hatten wir himmelstürmende Paßstraßen quer durch die Anden überwinden müssen, wobei wir ganz nebenbei einen Rekord für uns verbuchen konnten. Den höchsten Punkt, den wir je mit dem Auto erklommen hatten, markierte ein Blechschild in gottverlassener Mondlandschaft: „Abra Anticona. Altitud 4843 m." Dann tauchte die Piste steil hinab in die mit immergrüner, üppiger Vegetation bedeckten Täler der östlichen Andenflanke. Pucallpa ist eine geschäftige Hafenstadt am Rio Ucayali; so merkwürdig es auch klingt: es ist der am weitesten ins Binnenland zurückgeschobene Seehafen. Bis hierher können bullige Schubeinheiten mit langen, flachen Pontons und bis Iquitos sogar Hochseeschiffe vom fast 7000 Kilometer stromab liegenden Belem am Nordatlantik den Amazonas befahren.

Uns zog es damals weiter flußauf zu den Dörfern der Shipibo-

Abra Anticona, 4843 m, ist unser Höhenrekord

Indianer. Schwerbepackt mit Zelt, Rucksack und Fotoausrüstung arbeiteten wir uns am frühen Morgen durch den weichen und bereits heißen Sand der Flußniederung am Rande der Stadt. Im Verlauf der Trockenheit hatte sich der Fluß weit von seinem einstigen Steilkanten-Ufer zurückgezogen, und schon hatte eine primitive Schilfhütten-Siedlung von dem freigewordenen Grund Besitz ergriffen. Doch mit dem Steigen des Wassers würde sie versinken und vom Fluß fortgespült werden, um im nächsten Jahr hier oder in der Nähe neu zu entstehen wie eine aufkeimende Saat. Die Einbäume für den lokalen Verkehr lagen dicht zusammengepfercht in einer kleinen Bucht; wer an Bord wollte, mußte über Laufplanken kraxeln oder sich sogar über andere Boote vorarbeiten. Zwischen Hafen und Hütten herrschte das gewohnte rege Treiben. Säcke mit Reis oder Bohnen, Kisten mit grellbunten Limonaden, Stauden giftgrüner Kochbananen und Bündel zukkender Hühner wurden auf schweißglänzenden Rücken hin und her geschleppt, in Einbäumen verstaut oder im Schatten der Schilfdächer gestapelt. Wir stolperten über brüchige Wasser- und Lichtleitungen, über leere Bierkästen und gärende Abfallhaufen. Es würde noch ein paar Wochen dauern, bis sich die Strömung dieses Chaos gnädig annehmen würde.

Es kostete etwas Mühe, das richtige Boot zu finden – die Zielorte stehen in keinem Reiseführer und sind kaum auf Karten zu finden.

„Wenn ihr Indianerdörfer sehen wollt, müßt ihr nach Masisea", half uns der Wirt eines Erfrischungsstandes weiter, während er mit fettigen Fingern geübt über die Gläser wischte und sie dann im trüben Hafenwasser ausspülte. „Nehmt die *Barbon V* dort drüben; sie legt um acht Uhr ab, in zehn Stunden seid ihr da." Für amazonische Verhältnisse in der Tat nur ein Katzensprung.

So kletterten wir vorsichtig in den gut 15 Meter langen

Fahrt auf der Barbon V

Einbaum, ließen uns auf einer der beiden schmalen Holzbänke nieder, die entlang der beplankten Bordwand vom Bug zum Heck verliefen und studierten unsere Mitreisenden. Es ist ein ruhiger Menschenschlag, dem jegliches südländische Temperament zu fehlen scheint; die Männer hager und wettergegerbt, Pioniertypen, die Frauen gedrungen, verhärmt und durch schwere Arbeit gezeichnet. Dazu kommt jener Schuß Indianerblut in den Gesichtern, der den Bewohnern aller Andenstaaten gemeinsam ist: die Augen etwas schräggestellt, die Backenknochen ausgeprägt. Als sich auch einige reinrassige Shipibo-Frauen in buntbestickten Kleidern unter die Fahrgäste mischten, wußten wir, daß wir auf dem richtigen „Dampfer" saßen.

Für amazonische Verhältnisse überpünktlich, nämlich um fünf Minuten nach acht Uhr, sprang der amerikanische Außenbordmotor an, rauschend schoß braungelbes Wasser unter dem Heck hervor, und schon glitten wir leicht schwankend zur Mitte des Stromes. Sonnenreflexe tanzten auf den Wellen, Gischt spritzte uns ins Gesicht, frischer Fahrtwind trocknete den Schweiß. Die schmuddeligen Wohnboote und schwimmenden Holzhäuser blieben zurück, nackte kleine Kinder winkten hinterher. Spielend überholten wir die kleinen Peke-Peke, Einbäume mit dem peruanischen Einheitsaußenbordmotor, die ihren Namen dem charakteristischen Auspuffgeräusch verdanken. Geschickt wich der Steuermann treibenden Seerosen-Inseln aus, die sich langsam drehend stromab bewegten. Sie seien oft voller Schlangen und giftiger Insekten, wurden wir immer wieder gewarnt. Also zogen wir lieber die Hände zurück und verzichteten auf den Reiz der Berührung. Zunächst bestimmten noch große Lichtungen mit einfachen Hütten das Bild der Ufer, dann schob sich wieder die

Ein Peke-Peke auf dem Amazonas

undurchdringliche Mauer des Waldes bis ans Wasser, und Pucallpa lag weit, weit zurück.

Die Fahrt ging nun dicht am Ufer entlang, denn in der Mitte des Flusses wäre die Gegenströmung zu stark gewesen. Wo sind sie denn nun, die wilden Tiere Amazoniens, fragten wir uns, und versuchten, mit Blicken das Blättergrün zu durchbohren. Aber die Alligatoren, Abgottschlangen und Aras hatte sicher längst das Motorengeräusch vertrieben. Statt dessen hörten wir plötzlich ein heftiges Schnauben dicht neben uns, schwarzglänzende Rücken pflügten durchs Wasser, tauchten unter uns hindurch und umkreisten das Boot: eine Schule Süßwasserdelphine, die uns als Spielkameraden betrachteten und nicht müde wurden, ihre maßlose nautische Überlegenheit zu beweisen. Offensichtlich brauchen sie die gefräßigen Pirãnhas, die berüchtigten Raubfische mit den nadelspitzen Zähnen, nicht zu fürchten. Wir verspürten natürlich überhaupt keine Lust, im Trüben ein erfrischendes Bad zu nehmen. Delphine sind übrigens nicht die einzigen Meerestiere, die sich in die amazonische Landschaft „verirrt" haben. Es gibt auch Sardinen und Rochen, die sich ebenfalls im Süßwasser wohl fühlen. Geologische Untersuchungen vor der pazifischen Küste haben inzwischen die verblüffende Theorie untermauert, daß der Amazonas nicht immer in den Atlantik mündete, sondern vor Faltung des Andengebirges in die entgegengesetzte Richtung floß, in den Pazifischen Ozean. Was bei der Landhebung vor Jahrmillionen an Salzwasserfischen eingeschlossen wurde, mußte sich dem neuen Element anpassen oder untergehen.

Wir kreuzten auf dem Fluß hin und her um trügerischen Sandbänken zu entgehen, aber auch, um dann und wann an einem kleinen Pfad anzulegen, der sich die Uferböschung hinaufwand und wie in einem Tunnel im Dunkel des Waldes verschwand. Oft wurden wir bereits erwartet; kräftige Fäuste packten Säcke und

Kisten, und im Gänsemarsch wurden die Schätze der Zivilisation zu den einsamen Waldsiedlungen geschleppt. Wie im Flug verging die Zeit, und im letzten Dämmerlicht erreichten wir Masisea, die Missionssiedlung unweit der Einmündung des Rio Pachitea. Die einzige Kneipe, durch eine rußende Petroleumlampe nur schemenhaft beleuchtet, war, wie wir zu unserer Enttäuschung erfuhren, auf hungrige Gäste nicht eingestellt. Aber wir sollten in einer Stunde noch einmal wiederkommen, tröstete man uns, man würde uns schon nicht verhungern lassen.

Unser Essen, auf abgeschlagenen Tellern an einem wackeligen Tisch serviert, konnte sich in jedem Feinschmeckerlokal der fernen Hauptstadt Lima sehen lassen: gebratener Flußfisch mit Süßkartoffeln und gebackenen Bananen; zum Nachtisch gab es aromatische Früchte aus dem Urwald, die wir noch nie zuvor gesehen hatten. Auch die bange Frage nach der Unterkunft klärte sich wie von selbst. Eine Palmenhütte am Dorfplatz stehe gerade leer, und selbstverständlich könnten wir dort übernachten. Unsere Moskitonetze befestigten wir an diesem Abend besonders sorgfältig, um der *ucayali*, der Mücke, keine Chance zu geben.

Kurz nach Sonnenaufgang waren wir bereits unterwegs zu den Dörfern Ceilan und San Rafael, die zwei Fußstunden entfernt lagen. Der Pfad zog sich durch tropfnassen, dampfenden Wald, was uns bald den Schweiß aus allen Poren trieb. Herden von Affen turnten – für uns unsichtbar – durch die Baumwipfel und versuchten, die ungebetenen Zweibeiner durch Gebrüll und Gezeter zu vertreiben. Riesige bunte Papageien entflogen mit schwerfälligen, plump wirkenden Flügelschlägen. Webervögel bastelten an ihren bizarren Nestern, die wie gelbe Tropfen im Geäst pendelten. Hundert bunte Schmetterlinge oder mehr hatten sich um eine Regenpfütze versammelt und saugten das lehmige Wasser. Ab und zu öffnete sich der Wald, und wir balancierten über verkohlte

Baumstämme eines Brandrodungsfeldes, auf dem spärlich Mais und ein paar Bohnen gediehen. Nur mit Machete, Axt und Feuer rückt der Indianer den Urwaldriesen zu Leibe. Die Asche der verbrannten Bäume dient ihm als Düngemittel, aber schon nach zwei oder drei Ernten ist der Boden ausgelaugt und von den tropischen Regengüssen fortgespült. Wieder muß ein neues Stück Wald abgebrannt werden.

Hinter einigen Bananenstauden tauchten dann die ersten grasgedeckten Dächer auf, die für die Häuser der Shipibo so charakteristisch sind. Als wir ganz unverhofft aus dem Wald traten und auf dem Dorfplatz standen, starrten uns die Kinder mit offenem Mund an, ehe sie laut schreiend auseinanderstoben. Im Haus verstecken konnten sie sich allerdings nicht, denn die Hütten der Indianer kennen keine Wände. Alles Leben spielt sich auf einer knapp über dem Erdboden errichteten Plattform ab, die von vier Eckpfosten getragen und von einem tief heruntergezogenen Dach vor Sonne und Regen geschützt wird.

Wir fragten nach dem Häuptling, stellten uns vor und erbaten die Erlaubnis zum Besuch des Dorfes. Alles war makellos sauber und gepflegt; noch fehlte der Wohlstandsmüll. Unser Jahrhundert hatte jedoch schon längst Einzug in die Shipibo-Siedlungen am Ucayali gehalten. In einer Hütte hütete man eine vorsintflutliche Singer-Nähmaschine, in einer anderen ein Transistorradio, und statt der traditionellen Keramikkrüge trugen die Frauen Plastikeimer auf dem Kopf. Noch immer aber pflegte jede Hütte ihr Kräutergärtchen, das allerdings den Uneingeweihten eher an ein Unkrautfeld erinnerte. Neben Küchengewürzen wuchsen da auch Mittel gegen alle möglichen körperlichen Beschwerden, zum Betäuben von Fischen und zum Erzielen von Rauschzuständen. Das einzige Gebäude mit Türen und Fenstern war das Schulhaus, wahrscheinlich um die Aufmerksamkeit der Schüler zu fördern.

Indianerschule in Shipibos

Unter den verblichenen Farbdrucken von Bolivar und dem peruanischen Präsidenten bemühten sich blauschwarzhaarige Jungen und Mädchen in Indianertrachten Buchstaben in Hefte zu malen und taten damit den ersten Schritt aus der Isolation in eine Zukunft, die aus unserer Sicht sicherlich als fragwürdig zu bezeichnen ist. Ob hier in zwanzig Jahren wohl alles asphaltiert ist und Autos durch Geschäftsstraßen fahren werden, fragten wir uns, als wir im nachmittäglichen Regenschauer durch den Wald zurück nach Masisea wanderten.

Obwohl dieser Ausflug in den Urwald schon Monate zurücklag, als wir von Süden kommend in Belem eintrafen, und das peruanische Pucallpa und das brasilianische Belem Tausende von Kilometern voneinander entfernt sind, war uns die Atmosphäre sofort wieder vertraut. Hatten wir damals den Oberlauf des größten Stromsystems der Erde besucht, so wollten wir nun von der Mündung her in das riesige Urwaldgebiet vordringen. Nachdem wir unser treues Vehikel bei brasilianischen Freunden in Obhut gegeben hatten, bestiegen wir voller Vorfreude und Erwartung ein stattliches Kabinenschiff mit dem Ziel Manáus, einer Hafenstadt im Herzen der Grünen Hölle.

Aber schon in den ersten Tagen der Flußfahrt müssen wir wieder einmal ein Stückchen Illusion zu Grabe tragen: Die Amazonasfahrt gleicht eher einer Ozeanüberquerung; ja, in den ersten Tagen können wir trotz klarer Sicht weder links noch rechts der Reling Land entdecken. Auch die schwerbeladenen Hochseeschiffe, die unseren Weg kreuzen, lassen nicht im entferntesten an eine Flußfahrt denken. Nun konzentrieren sich unsere ganzen Hoffnungen auf den Oberlauf.

Unerträgliche Hitze und Schwüle lastet über Manáus, Freihafenstadt am Amazonas. Im Gewirr kleiner Schiffe und Boote suchen wir die „Cidade de Borba", die Schiffahrtsdienste auf dem Rio Madeira versieht. Denn wir wollen weiter, nach Pôrto Velho, einer kleinen Stadt inmitten der Wildnis, 1500 Kilometer stromauf nahe der bolivianischen Grenze. Um uns ein Gewirr von Fahrgästen, fliegenden Händlern und Lastträgern. Dazu der unverwechselbare Geruch der Amazonashäfen: eine Mischung aus Dieselöl, Fisch, verfaulenden Abfällen und Bratfett. Ruderboote tummeln sich geschäftig zwischen den hohen, weißen Schiffen, die wie gehalfterte Pferde an den schwimmenden Kais festgemacht haben.

Die Abfahrt ist auf 18 Uhr festgesetzt, aber schon Stunden vorher klettern wir über die schmale federnde Planke an Bord, um uns einen guten Platz auf dem Oberdeck zu sichern. Direkt hinter dem Steuerhaus zurren wir die Hängematten fest, an einem luftigen, doch windgeschützten Platz, von dem aus sich das Treiben im Hafen und auf dem Strom ungestört beobachten läßt. Allmählich füllt sich das Deck. Neben unseren schaukeln bald zwanzig weitere blaue, rote und grüne Hängematten. Gepäckstücke stapeln sich entlang der Reling, aus übersteuerten Bordlautsprechern plärrt brasilianische Musik.

Der Fluß glänzt matt in den Pastelltönen des Abendlichts, als endlich das Brummen des Diesels einsetzt. Leinen klatschen in ölig-schwarzes Wasser, knarrend und ächzend befreit sich unser Schiff aus der Umklammerung benachbarter Boote. Alles, was Beine hat, steht an der Reling und beobachtet und kommentiert das Ablegemanöver. Schnell, wie in den Tropen üblich, bricht die Nacht herein. Eine Weile noch grüßt die Lichterkette Manáus', dann verschluckt uns die Dunkelheit des Rio Negro. Ab und zu huscht der grelle Lichtfinger unseres Scheinwerfers über das Wasser, um Hindernisse aufzuspüren; jetzt, zum Ende der Regenzeit, wo die meisten Flüsse noch Hochwasser führen, muß ständig mit Baumstämmen und treibenden Pflanzeninseln gerechnet werden.

Jedermann nestelt nun an seiner Hängematte, hängt sie höher oder tiefer, faltet Decken und Tücher, doch als plötzlich starker Wind aufkommt, ferne Blitze zucken und die ersten Tropfen auf das Blechdach trommeln, wird in hektischer Eile alles wieder zusammengelegt, und jeder sucht Schutz hinter dem Steuerhaus. Dann kracht der Donner, werden Ufer und Fluß wie in kurzen Momentaufnahmen gleißend erleuchtet, fegen Regenböen übers Deck. Wie gefangene Schmetterlinge flattern die verlassenen Hängematten im Schein der Glühbirnen. Zum Schlafen kommen wir diese Nacht kaum; alles ist zu ungewohnt, das Schreien der Babys, das Pochen des Motors, das Rauschen des Regens. Übermüdet hocken wir uns schließlich in der Morgendämmerung an einen kleinen Tisch am Bug und schlürfen heißen, schwarzen Cafesinho.

Einen Kurswechsel hatten wir in der Nacht nicht bemerkt, aber unser Fluß heißt nun Rio Madeira. Kein Steinwurf entfernt dampft der Wald, dem der Fluß seinen Namen „Holzstrom" verdankt. Doch die wertvollen tropischen Bäume sind schon längst herausgeschlagen, nur der Torso der ursprünglichen Vegetation ist geblieben. Die bis zu sechzig Meter hohen Baumriesen können sich nur dort noch behaupten, wo weder Wasser noch Straße einen Abtransport erlauben. Der Raubbau hat dem Artenreichtum bisher nichts anhaben können; über 2000 verschiedene Bäume sind bekannt. Aus dem Blätterdickicht ragen immer wieder die charakteristischen blaugrünen Stämme der Gummibäume hervor mit ihren längst verheilten Narben. Wie das

Abendstimmung auf dem Rio Madeira

prunkvolle Theater in Manáus sind sie Relikte jener kurzen Epoche, als Amazonien für Tausende von Glücksrittern zum Eldorado wurde, als der Reichtum über Nacht kam und fast ebenso schnell wieder verschwand. Was wäre wohl aus Amazonien geworden, hätte man damals nicht Gummibaumsetzlinge unter Lebensgefahr ins Ausland geschmuggelt und damit das Monopol gebrochen?

Trotz seiner Breite hat der Rio Madeira seine Tücken. Die Navigationskarte – ein handgezeichnetes Kunstwerk von 20 Zentimetern Breite und 12 Metern Länge – zeigt jede Sandbank, jeden Felsen, jede Hütte am Ufer. Zehn Uhr morgens der erste Ort: Nova Olinda; ein gedrungenes Holzkirchlein inmitten bunter Bretterbuden, die ihre Frontseiten dem Fluß zukehren wie neugierige Zuschauer. Kaum ist das Schiff im weichen Schlick zum Halten gekommen und die Laufplanke an Land geschoben, wieseln kleine Jungen mit Kartons voll Brot und Getränken an Bord. Doch der Aufenthalt ist nur kurz, dann nimmt uns der Fluß wieder auf.

Ab und zu, manchmal auf ein Zeichen vom Ufer her, laufen wir kleine Gehöfte an; zwei drei Hütten aus Brettern mit Strohdächern. Bläulicher Rauch kräuselt durch Ritzen, Wäschestücke flattern wie Wimpel, umgedrehte Kanus trocknen auf der Böschung. Nicht jedes Anlegen ist mit Zu- oder Aussteigen verbunden; oft möchte der einsame Siedler endlich wieder einmal ein kühles Bier trinken, das ihm dann im Tausch gegen frisch gefangenen Fisch ausgehändigt wird.

Das Gefühl für Raum und Zeit geht während der Flußfahrt schnell verloren, denn einen festen Tagesablauf gibt es nicht. Wer müde ist, verkriecht sich in der Hängematte; wer Hunger hat, knabbert einige Kekse, und mitten in der Nacht steht man vielleicht stundenlang an der Reling und schaut auf die Reflexe des Mondlichts, die in der Bugwelle tanzen. Die Lebensbedingungen

Gehöft am Ufer des Rio Madeira

an Bord entsprechen kaum europäischen Ansprüchen. Neben dem Toilettenabfluß wird Wasser für Dusche und Waschbecken aus dem Fluß geschöpft. Für Trinkzwecke wird es in dickbauchige Filterkrüge geschüttet, deren Patronen aber schon lange zugesetzt sind oder meist einfach fehlen. Einer Eingebung folgend, hatten wir unsere Rucksäcke mit zusätzlicher Verpflegung vollgestopft – zum Glück, denn schon nach kurzer Zeit ruft allein der Gedanke an das Standard-Bordessen, Reis mit dicken Bohnen oder Trokkenfisch, Abneigung und Ekel hervor. So können wir uns für den Rest der Reise mit Corned beef, Orangen und Keksen über Wasser halten. Und was das Bier betrifft – kühler Labetrunk in heißem Treibhausklima – es wird mit jedem Stromkilometer teurer, bis auch uns die Luft ausgeht und wir mit Flußwasser-Tee vorliebnehmen müssen.

Die bunt zusammengewürfelten Passagiere im Unterdeck des Amazonasschiffes, das Durcheinander von jung und alt, von Mann und Frau, lassen spontan an Schiffbrüchige oder Verschlagene denken. Aus Knäueln von Hängematten ragen Arme und Beine; Säcke, Kisten und Schweinekäfige haben alle Wege verstellt; durch zerschlissene Persenninge dringt gedämpftes Licht und erzeugt eine beängstigende und zugleich unwirkliche Stimmung. Man wird schläfrig-apathisch und bemüht seine Kräfte nur, um die gelegentlichen Anlegemanöver mitzuerleben. Allein schon die Sonnenuntergänge lassen Mühsal und Unbequemlichkeit einer Flußfahrt vergessen. Der westliche Himmel glüht in Gelb und Purpur, wie weiße Burgen thronen flauschige Kumuluswolken über der schwarzgrünen Mauer des Waldes. Noch schießen die Strahlenbündel der bereits versunkenen Sonne hinter dem Horizont hervor, da hat im Osten die Mondsichel ihre Reise angetreten und schwimmt wie ein Schiffchen durch die Nacht, die samtblau den Fluß heraufzieht.

Ortschaften wie Borba, Nova Aripuna und Manicoré liegen schon hinter uns. Am Nachmittag des dritten Tages legen wir in Humaita an, einem bedeutenden Umschlagplatz mit gesichtslosen Häuserfassaden, Wellblechslums und Öltanks. Nach einem weiteren Tag einförmiger, aber dennoch beeindruckender Flußlandschaft kommt nach einer Biegung unsere Endstation Pôrto Velho in Sicht. Hier hört jede Schiffahrt auf, weil Stromschnellen den Weg ins Landesinnere versperren. Zu Beginn unseres Jahrhunderts hatte man unter unsäglichen Strapazen eine Eisenbahn quer durch die fieberverseuchte Grüne Hölle gelegt, um die Katarakte zu umgehen und somit auch Bolivien den Zugang zum Amazonas zu ermöglichen. Wie es heißt, soll jede Bahnschwelle mit dem Leben eines Streckenarbeiters bezahlt worden sein – ein makabrer Anspruch, der im übrigen auch von einigen anderen Bahnlinien dieser Welt erhoben wird. Der Bahnhof steht heute noch, alles andere aber versank mit dem wirtschaftlichen Niedergang Amazoniens wieder unter dem Würgegriff des tropischen Regenwaldes.

Schon vor Stunden ist hektische Tätigkeit auf der „Cidade de Borba“ ausgebrochen. Hängematten und Decken werden zusammengerollt, frische Kleider kommen zum Vorschein, Puder und Lippenstift werden ungeniert und großzügig aufgetragen, Flecken auf Hosenbeinen mit Spucke bekämpft. Das Schiff hat noch nicht festgemacht, da fliegen bereits die ersten Gepäckstücke an Land, hebt Schreien, Gestikulieren und Feilschen an. Als gelte es, ein sinkendes Schiff zu verlassen oder einen Teil der Reisezeit wieder aufzuholen, drängt und knufft sich jeder über die Planke zum Kai. Wir lassen uns mitreißen, schultern unsere Rucksäcke und machen uns in glühender Mittagssonne auf den staubigen Weg in die Stadt, dem Endpunkt unserer Flußfahrt. Wenige Stunden später schaukelt unser Flugzeug durch Turbulenzen, hin und wieder gibt ein Wolkenloch den Blick frei auf die elegant geschwungenen Mäander der Flüsse, die sich lehmigbraun und träge dahinziehend ihren Weg durch das Grün des Waldes suchen. In der Abenddämmerung grüßt das Lichtermeer von Belem, sanft setzt die Maschine auf, die Zivilisation hat uns wieder.

Ende eines Traumes

Fast zweieinhalb Jahre waren wir jetzt unterwegs, höchste Zeit, Abschied von der Panamericana zu nehmen, Abschied von Lateinamerika. Aber zwei schwierige Aufgaben standen uns noch bevor: erstens mußten wir unseren Wagen loswerden und zweitens Mittel und Wege finden, billig nach Hause zu kommen. Das erste Problem verfolgte uns praktisch seit der Landung im New Yorker Hafen, denn in keinem Land zwischen Alaska und Feuerland durften wir unseren Wagen legal verkaufen. Selbst verschenken – und sei es an den Zoll – war meist verboten. Und wäre der Wagen in Flammen aufgegangen, wir hätten noch haushohe Abgaben bezahlen müssen. Eine Rückverschiffung als Fracht oder Gepäck hätte ein Mehrfaches des Zeitwertes gekostet. Sooft wir uns auch den Kopf zerbrachen, uns blieb nur der Schwarzverkauf, was uns wiederum vor zwei neue Probleme stellte. Wie ließ sich dies mit unserem Carnet in Einklang bringen und wer würde uns die einheimische „weiche" Währung in Deutsche Mark oder Dollar umtauschen?

Unsere abgelaufene internationale Zulassung sollte wiederum der Schlüssel zu unserer Rettung sein. Bei der Einreise nach Paraguay versuchten wir unser Glück; statt des verlangten Carnets präsentierten wir den internationalen Kraftfahrzeugschein, in dem auch Paraguay als Vertragsstaat aufgeführt war. Jetzt zahlte es sich aus, daß wir in den letzten Monaten schon in anderen Ländern vorsorglich Stempel gesammelt hatten, die es dem paraguayischen Zöllner leichtmachten, sich anzuschließen. So blieb unser Carnet de Passage „sauber" – wir waren frei, unser Auto zu verkaufen.

Paraguay schien ein wahres Schmugglerparadies zu sein. Schon die erste Nacht lieferte uns einen Vorgeschmack davon. Eigentlich wollten wir auf dem kleinen Marktplatz des Grenzortes Pedro Juan Caballero übernachten, aber gegen Abend klopfte die Polizei an unsere Tür und bat uns, vorsichtshalber ein paar Straßen weiter zu parken, hier würde gegen Mitternacht eine Schmugglerbande erwartet, und die Luft könnte dann bleihaltig werden. Erwartungsvoll lagen wir im Bett und lauschten angespannt nach draußen. Und richtig: plötzlich hallten lautes Rufen und Schreien zu uns herüber, einige Pistolenschüsse knallten, dann herrschte wieder Ruhe. Wenig später knirschten Schritte im Sand, und im trüben Laternenlicht sahen wir eine Gruppe Sackträger Richtung Polizeiwache an uns vorbeiziehen, bewacht von Uniformierten mit Gewehren im Anschlag. Offensichtlich hatten sich die Bedauernswerten im Datum geirrt, denn wenn uns der Zoll keinen Bären aufgebunden hat, kann man einmal im Jahr, am Tag des Schmugglers, unbehelligt so viel über die Grenzen schleppen, wie man zu tragen vermag.

Paraguay machte auch sonst, was materielle Güter betraf, einen paradiesischen Eindruck. Die Geschäfte in Asunción, der Hauptstadt, quollen über von hochwertigen, importierten Waren, die zum Teil billiger als daheim verkauft wurden. Nie zuvor sahen wir so viele verschiedene Whiskysorten aus aller Welt nebeneinander auf den Regalen stehen. Alle gängigen USA-Zigaretten wurden zu einem Spottpreis angeboten. Und das Allerschönste: die einheimische Währung Guarani konnte offiziell in alle harten Währungen dieser Welt umgetauscht werden – ein Luxus, auf den wir seit den USA verzichten mußten und der uns dem geplanten Wagenverkauf einen wesentlichen Schritt näherbrachte. Woher der Reichtum kam, konnten wir nicht ergründen. Nur soviel war klar: Von den Rinderherden und wogenden Getreidefeldern allein konnte er nicht herstammen.

Nicht nur wir waren mit Hintergedanken nach Paraguay gekommen. In Asunción fand jeden Sonntag im Caballero-Park ein regelrechter Camper-Markt statt. Fahrzeuge aus Deutschland, der Schweiz, den USA, Holland und Frankreich, den Hauptreisenationen, versuchten, hier einen neuen Herrn zu finden. Allein, das teilweise schrottreife Angebot übertraf die Nachfrage, und unser Vehikel war niemandem mehr als 1000 Mark wert. Also warteten wir erst einmal ab und sahen uns noch ein wenig im Lande um.

Auf der Fahrt durch den Gran Chaco

Im Gran Chaco, einer Busch- und Savannenlandschaft, wird hauptsächlich Deutsch gesprochen, erst dann Guarani und Spanisch. Das liegt daran, daß sich dort Mennoniten angesiedelt haben, eine Sekte, die in den zwanziger Jahren aus Rußland und Kanada zugewandert war und deren Vorfahren aus dem deutsch-holländischen Raum stammten. Unter Entbehrungen, mit Ausdauer und Fleiß hatten sie sich ein Stückchen Land urbar gemacht und in letzter Zeit sogar einen bescheidenen Wohlstand erreicht. Dieses Jahr hatte den Mennoniten eine überreiche Baumwollernte beschert – Grund für viele, nach dem Preis unseres Campers zu fragen. Mit dickem, schwarzem Filzstift hatten wir nämlich „billig zu verkaufen“ außen aufs Blech gemalt. Ein schon älterer Farmer interessierte sich besonders für unseren Wagen. Sein Lebtag habe er von so etwas geträumt, und nun wolle er sich endlich seinen Wunsch erfüllen. 4000 Mark bot er uns, aber unter einer Bedingung: wir mußten ihm einige Stunden Fahrunterricht auf der kleinen Landepiste erteilen.

Morgens, kurz nach dem Start der Frühmaschine, übten wir jetzt Autofahren. Nur einmal zuckten wir alle erschrocken zusammen und machten eine Notbremsung, als unmittelbar über uns unvorhergesehen ein Transportflugzeug einschwebte und wenige Meter vor dem Wagen landete. Eines Tages war es dann soweit. Nach unserer Meinung hatte unser Schützling jetzt begriffen, wie man mit Gas- und Kupplungspedal umgehen muß. Vor einer eben gelandeten DC-3, einem Kolbenmotor-Veteran aus der Zeit vor dem zweiten Weltkrieg, der uns nach Asunción bringen sollte, händigten wir dem neuen, überglücklichen Eigentümer die Fahrzeugschlüssel aus. Fortan würde „unser“ Auto ohne Kennzeichen fahren, und was die Papiere betraf – Führerschein, Zulassung und Carnet de Passage –, die gab es nicht, und niemand würde hier danach fragen. Glückliches Paraguay, glücklicher Chaco!

Die Ortsnamen verraten die deutsche Besiedelung

Unsagbar erleichtert und dankbar, zugleich aber auch tief betrübt nahmen wir von unserem stählernen Kumpel Abschied. Nur jetzt nicht sentimental werden! Aber schließlich hatte er uns nie im Stich gelassen und zweieinhalb Jahre Schutz und Geborgenheit geboten. Ein moderner fliegender Teppich, der unseren Traum von der „Traumstraße der Welt" verwirklicht hatte, auch wenn uns das Träumen unterwegs manchmal vergangen war. Unglaublich, was solch ein zerbrechliches Auto bei ein wenig Vorsicht und Pflege auszuhalten und zu leisten vermag! Eisige Andenpässe, glühende Wüstenfahrten, Urwalddurchquerungen und endlose Wellblech-Rüttelpisten hatten ihm trotz seiner dreizehn Jahre, die er auf dem „Buckel" hatte, nichts Ernsthaftes anhaben können. Hier im trockenen Chaco würden ihm sicher

Übergabe der Wagenschlüssel

noch viele weitere Lebensjahre beschieden sein. Nach genau 106 000 Kilometern Panamericana mußten nur die Reifen in der nächsten Zeit einmal erneuert werden, alles andere war noch so gut im Schuß wie bei der Verladung im Emdener Hafen. „Hasta luego, amigo." Zwei Lederkoffer waren alles, was uns blieb. Und dann natürlich die 4000 Mark, die wir für unseren Camper bekommen hatten und mit denen wir uns zu Hause ein gleiches Auto kaufen wollten – für andere Reisen.

In Asunción bestiegen wir die erste und damit älteste Eisenbahn des Kontinents, die natürlich von den Engländern erbaut worden war, und eine holzgefeuerte Dampflokomotive zog uns rußend und qualmend nach Buenos Aires am Rio de la Plata. Unsere alten Freunde, die Familie Himmel aus Palomar, hatten sich in der Zwischenzeit für uns nützlich gemacht und unsere Weiterfahrt in die Heimat organisiert: Als „Robber", als Hilfskräfte, auf einem Frachtschiff der Hamburg-Süd-Reederei könnten wir uns die Überfahrt verdienen. Zwar gäbe es keine Heuer, aber bei dreiwöchiger leichter Arbeit und erstklassiger Verpflegung würde das abenteuerliche Leben nicht gar so abrupt enden. Und obendrein hatten wir noch eine Menge Geld gespart. Waren wir nicht Glückspilze?

An einem Septemberabend zieht ein Schlepper das Kombischiff „Cap San Augustin" langsam von der Kaimauer. Mit etwas Wehmut sehen wir wenig später das Land am Horizont verblassen, während sich unser Frachter behäbig in der langen Dünung des Atlantik wiegt. Das regelmäßige Blitzen der Leuchtfeuer bleibt als letzter Gruß dieses großartigen Kontinents, der uns so

Die älteste Eisenbahn Südamerikas

lange in seinen Bann gezogen hatte. Noch ist die Luft lau und riecht nach Erde und Wald, aber schon am nächsten Morgen sind 100000 Kilometer Panamericana nur noch Erinnerung, und manchmal, wenn wir dem Rost des Schiffs mit Hammer und Farbe zuleibe rücken, erscheint uns alles wie ein Traum. Und doch, für uns ist die „Traumstraße" Realität geworden und vielleicht sogar das größte Abenteuer unseres Lebens. Während uns das Schiff mit jeder stampfenden Bewegung der Heimat ein Stück näher bringt, passieren noch einmal die Ereignisse, Erlebnisse und Begegnungen vor unserem geistigen Auge Revue und verschmelzen zu einem buntschillernden Kaleidoskop, das wir von nun an wie einen kostbaren Schatz hüten.

Reisetips

Anreise

Autoverschiffung nach Nordamerika: Wir verschifften mit „Deugro", Raboisen 6, 2000 Hamburg 1, Tel. (040) 33 11 41. Emden – Ostküste USA einschließlich aller Hafengebühren rund 670 Dollar. Keine Begleitung möglich; statt dessen günstiger Stand-by-Flug von verschiedenen europäischen Städten zu buchen.
Etwas günstiger: Agentur Walter Sporleder, Steinhöft 11, 2000 Hamburg 11, Tel. (040) 36 34 91. Bremerhaven – verschiedene Städte der USA-Ostküste, wöchentlich: 40 Dollar pro Kubikmeter plus ca. DM 150,– Hafengebühren. Auf den Schiffen der „Polish Ocean" kann man sein Fahrzeug als „begleitendes Reisegepäck" mitnehmen. Agentur: Hamburg-Süd, Ost-West-Str. 59, 2000 Hamburg 11, Tel. (040) 3 70 51. Alle genannten Preise Stand Herbst 1982.

Autoverschiffung nach Südamerika: Indiskutabel teuer (von DM 7000,– an aufwärts); in Brasilien muß hohe Kaution hinterlegt werden; lange Wartezeiten und viele unvorhergesehene Schwierigkeiten in den Häfen. Kaum zu empfehlen!
Einige Agenturen: Reinhold Bange, Spitaler Str. 32, 2000 Hamburg 1; Tel.: (040) 3 33 21. Navis, Spalding Str. 1b, 2000 Hamburg 1. Hermann Ludwig, Billstr. 180, 2000 Hamburg. Rettmeyer & Hessenmüller, Postfach 30 43 23, 2000 Hamburg 36.

Autokauf in Brasilien: VW-Bus-Qualität angeblich sehr schlecht, aber keine behördlichen Schwierigkeiten beim späteren Wiederverkauf. Carnet de Passage wird nur an Einheimische ausgegeben (aber man könnte sicher hilfreiche Deutsche finden ...). Wahrscheinlich auch kein Carnet für die Nachbarstaaten notwendig (Vorschriften ändern sich ständig).

Wagenübernahme in Nord- oder Südamerika: Ideallösung, aber nur mit viel Glück und eiserner Planung erreichbar. Kontaktmöglichkeiten z. B. über die „dzg" (Deutsche Zentrale für Globetrotter, c/o Ludmilla Tüting, Mittenwalder Str. 7, 1000 Berlin 61. Aufnahmegebühr DM 30,–, DM 3,– Monatsbeitrag. 4 Hefte pro Jahr mit 1001 Informationen.)

„Überarbeiten" als Robber: z. B. bei der „Hamburg-Süd-Reederei" nur noch von Südamerika nach Europa, nicht umgekehrt. Chancen sind aber recht gering, da auf den immer moderneren Schiffen immer weniger freie Kabinen zur Verfügung stehen. Chancen für Frauen fast aussichtslos. Viele Wochen – besser Monate – vorher auf Warteliste setzen lassen. In Buenos Aires: Hamburg-Süd, „Delfino" Agencia, San Martin 432, Tel.: 49–10 31. Nur persönliche Vorsprache hat Aussicht auf Erfolg.

Verschiffung von Mittel- nach Südamerika etwa gleich teuer wie von Europa nach Nordamerika. Nur Flug etwas billiger.

Papiere und Dokumente:

Persönliche Papiere
Reisepaß (am besten einen neuen)
Impfausweis (in Reisebüros erhältlich)
Schüler/Studentenausweis (für Museen etc.)
Krankenversicherungs-Unterlagen
Arbeits- und Befähigungsnachweis (falls man arbeiten will)

Wagenpapiere
Führerschein
Internationaler Führerschein
Kraftfahrzeugschein
Internationale Zulassung
Kfz-Brief (falls man den Wagen verkaufen will)
Automobilclub-Ausweis
Versicherungsnachweis (Haftpflicht, Kasko)
Carnet de Passage en Douane (nur für Südamerika, gilt nicht für Brasilien). Obligatorisches Zollpapier, womit ein illegaler Verkauf des Autos verhindert werden soll. Es wird vom Automobilclub leihweise und nur für in Deutschland zugelassene Fahrzeuge ausgegeben, also auch für Ausländer. Ein Jahr gültig. Kosten (z. B. beim ADAC, München): DM 220,– (Mitglieder DM 160,–). Für Zollkennzeichen jeweils DM 300,– mehr. Hinzu kommt eine Bürgschaftssumme von DM 4000,–, die bei einer Bank für die Zeit der Reise hinterlegt werden muß.

Wagen-Ausrüstung:
Ein Camper kann zum „Faß ohne Boden" werden – auch finanziell. Unbedingt der Verführung, jeden Luxus einzubauen, widerstehen. Auch äußerlich muß das Auto nicht „glänzen" (um nicht unnötig begehrliche Blicke auf sich zu lenken). Im Prinzip möglichst wenig mitnehmen. Ein überladenes Fahrzeug ist schwer zu manövrieren, verbraucht mehr Benzin und verschleißt eher in Getriebe, Kupplung, Bremsen und Reifen. Deshalb beim Ausbau leichteste Baustoffe verwenden, wie z. B. Sperrholz, Tischlerplatte, Aluminium, keine Preßspanplatten! Ein Durchgang zum Führerhaus kann lebensnotwendig werden, ist praktisch und vergrößert optisch den Innenraum. Ein Hubdach hat Vorteile für optimale Belüftung beim Kochen, in den Tropen und für alle, die

Stehhöhe haben wollen, ist aber kostspielig in der Anschaffung, verursacht einen höheren Fahrwiderstand, verteuert die Verschiffungskosten und signalisiert schon von weitem den „rico". Heizung und Kühlschrank vergrößern den Reisekomfort erheblich, aber sie sind teuer, man kann auch mit Kerzen wärmen und in einer Isolierbox frischhalten. Dagegen unumgänglich: sorgfältige Verkleidung von innen mit Schaumstoff (z. B. Styropor) oder besser Mineralwolle zum Schutz vor Schwitzwasser, Hitze, Kälte und Schall. Eine Chemikalientoilette ist praktisch, wenn eine Frau mitfährt auch unumgänglich. Neonbeleuchtung braucht wenig Strom und verschafft viel Licht – in den Tropen herrscht ab 18 Uhr Dunkelheit.

Bett ist wichtigstes Ausrüstungsstück, entsprechend sorgfältig durchdenken und ausprobieren. In der Küche muß alles funktional und klapperfrei verstaut sein. Ideale Energiequelle für Kocher, Heizung und Beleuchtung ist Flaschengas (Campinggas). Aber Schwierigkeiten mit Nachschub und Flaschenanschluß unterwegs einplanen. Für alle Fälle noch zusätzlich kleinen Benzinkocher (z. B. „Optimus") mitnehmen. Alle Lüftungsöffnungen wie Fenster, Kiemenbleche und Dachluken durch Moskitonetze mückendicht machen. Lästige und gefährliche Blutsauger (Malaria- und Hepatitisüberträger, siehe Thema „Gesundheit") überall zwischen Alaska und Feuerland, selbst in den Anden. Mückenöl (z. B. „Autan"), Raumspray und Rauchspiralen benutzen. Wegen leicht brennbarer Campingeinrichtung (Kocher, Gas) vor allem bei Fahrzeugen mit Benzinmotor Halon-Feuerlöscher (von 2 Kilogramm an aufwärts) griffbereit montieren. Wirksame und bequem einlegbare Einbruchsicherung in Verbindung mit Alarmanlage (Hupe) montieren. Wenigstens jede Tür mit zusätzlichem Sicherheitsschloß versehen. Wertsachen (evtl. auch belichtete Filme) in verbolzter Stahlkassette aufbewahren. Fenster durch

Spezialfolie von außen uneinsehbar machen, schützt gegen Neugierige, Wärmeeinstrahlung und Wärmeabgabe.

Auto-Werkzeuge:
Reparatur-Handbuch, Abschleppseil, Hydraulik-Wagenheber (zusätzlich), Fettpresse, Reifendruckprüfer, Kompressionsdruckprüfer, Fühlerblattlehre, Prüflämpchen, Rolle Bindedraht, Schlauch-Flickzeug, Drahtbürste, Waschpinsel, Kreuzschlüssel, Reifenmontierhebel, Fußpumpe, Zündkerzenschlüssel, Innensechskant für Getriebeölschraube, Satz Ring-Gabelschlüssel, Engländer, Satz Steckschlüsseleinsätze (Nüsse) mit Knarre, Schlitz- und Kreuzschlitz-Schraubendreher, Innensechskant-Schraubendreher, Schlosserhammer, Flachmeißel, Satz Feilen, Seitenschneider, Kombizange, Taschensäge, Kabelmesser, Rohrzange.
Eventuell auch: Drehmomentschlüssel, Kolbenspannband, Zangen für Innen- und Außensicherungsringe, Kupplungszentrierdorn, Spurstangenausdrücker, Schlagringschlüssel für Hinterachswelle, Schieblehre, Handbohrmaschine.

Auto-Ersatzteile:
Keilriemen, Zündkerzen, Unterbrecherkontakte, Kupplungs- und Gaszug, Scheibenwischerblätter, (genügend) Ölsiebdichtungen, Ventildeckeldichtungen, Glühbirnen, Bremsbeläge, 2 Satz Bremsklötze, Kohlen für Lichtmaschine und Anlasser, Kupplungsscheibe, Satz Vorder- und Hinterradlager, Satz Kolbenringe, Satz Pleuellager, Satz Motordichtungen, Zündstecker, Kondensator, Stück Zündkabel, Benzinleitung, elektrische Sicherungen, Ersatz-Regler, Ersatz-Zündspule, Ersatz-Vergaser, Ersatz-Benzinpumpe, Getriebeöl, Bremsflüssigkeit, Motoröl, Mehrzweckfett, Rostlöser, Dose mit Schrauben, Muttern und Splinten, Schläuche, Ventileinsätze, Schlauchklemmen.

Manche der genannten Teile lassen sich preiswert auf Schrottplätzen erwerben; man kann sie gegen Ende der Reise für ein Mehrfaches wieder verkaufen.
Bei VW, Wolfsburg, kann man die kostenlose „Tropenanleitung für VW-Personenwagen und -Transporter" anfordern. Viele nützliche Hinweise!

Gesundheit

Bekanntlich höchstes aller Güter. Gilt besonders für unterwegs, wo ungewohnte Verhältnisse (fremde Speisen, große Höhen, Schmutz) gesundheitliche Probleme verursachen können, die obendrein mühsamer als zu Hause zu kurieren sind.
Vor Reisebeginn Impfungen, Generaluntersuchung und Zahnarztbesuch. Dabei den Hausarzt gleich um Reiseapotheke mit kostenlosen Ärztemustern bitten; der Zahnarzt hat „Cavit" (Plombenersatz aus der Tube). Notfalls sind die meisten Medikamente auch unterwegs preiswert erhältlich. Trotzdem immer Mittel gegen Schmerzen, Erkältungen, Grippe, Durchfall, Verstopfung, Infektionen und kleinere Verletzungen dabeihaben. Besser als alle Medikamente ist aktive Vorsorge: fit sein, keine Überanstrengungen, viel essen, viel trinken (in den Tropen!), viel schlafen. Will man sichergehen, ab Mittelamerika möglichst alle Speisen selbst zubereiten und Restaurantbesuche einschränken. Stark bleiben beim Anblick von Blattsalat, Erdbeeren, Eis und Milchshakes. Keine Eiswürfel mehr in Getränken! Ab Mexiko auch kein unbehandeltes Wasser mehr trinken oder zum Zähneputzen benutzen. Wasser (Hauptfeind Nr. 1) ist erst nach mindestens 10 Minuten Kochen auf Meeresniveau keimfrei. In größeren Höhen hilft nur der Drucktopf. Nützlich auch entkeimende Filterpumpen (z. B. „Katadyn") oder Desinfektionsmittel (z. B. „Micropur"). In Campinggeschäften oder bei Expeditionsausrü-

stern etc. erhältlich. In allen größeren Städten meist sehr gute Wasserqualität.

Impfungen

Impfpaß besorgen (Gesundheitsamt, Reisebüros) und alle Impfungen eintragen lassen. Entlang der Panamericana derzeit keine Pflichtimpfungen (Stand Herbst 1982).

Pocken:
Gelten laut WHO als erloschen. Keine Impfung notwendig.

Cholera:
Tritt in Lateinamerika selten auf. Da nur 6 Monate wirksam, bei Nord-Süd-Reise allenfalls in den USA impfen lassen.

Gelbfieber:
Nur in bestimmten Tieflandgebieten des Nordens und Nordostens Südamerikas auftretend. Impfung (etwa DM 50,–) schützt 10 Jahre.

Malaria:
Ernstzunehmen! Tabletten-Prophylaxe in endemischen Gebieten unbedingt einhalten. Dennoch wegen immer schnellerer Immunisierung der Erreger keine 100%ige Sicherheit mehr. Präparat derzeit „Fansidar". Arzt oder Tropeninstitut in Hamburg Telefon (0 40) 31 10 21 nach aktuellem Stand befragen. Bei verschleiertem Krankheitsbild auch nach der Rückkehr immer erst an Malaria denken.

Typhus und Paratyphus:
Schluckimpfung sehr zu empfehlen. Muß nach drei Monaten erneuert werden, Nachschub mitnehmen.

Tetanus (Wundstarrkrampf):
Dagegen sollte man immer – auch zu Hause – geschützt sein. Nach drei Impfungen ist man für 10 Jahre immun.

Hepatitis (Leberentzündung):
Geißel und Sorge aller Reisenden in Ländern der Dritten Welt. Impfung noch nicht erhältlich oder unerschwinglich. Bei akuter Ansteckungsgefahr und auch gegen Infektionen vieler Art hilft Injektion von „Gammaglobulin" („Immunglobulin" bei Hepatitis B), das in vielen Apotheken Lateinamerikas preiswert zu kaufen ist. Schützt zwischen 6 Wochen und 6 Monaten. Infektion durch Speichel und Körperausscheidungen – besondere Vorsicht auf Toiletten und im „Rotlichtbezirk".
Falls man unterwegs doch einmal erkrankt, weisen Botschaften und Konsulate (nicht nur) der Bundesrepublik sowie Deutsche Schulen und Goethe-Institute einen guten Arzt nach.

Vertretungen der BRD im Ausland:
Sonderdruck der Beilage zum Bundesanzeiger Nr. 47/1981 von Bundesanzeiger Verlagsgesellschaft mbH, Postfach 10 80 06, Köln 1. Kostet DM 6,80 bei Voreinsendung.

Verbindung mit zu Hause:
Jeder Deutsche hat das Recht, seine Post an Auslandsvertretungen der BRD schicken zu lassen (c/o Embajada de Alemania-Federal); Postlagernd (poste restante) weniger sicher. Empfängeranschrift ohne oder nur mit abgekürztem Vornamen; kann sonst falsch einsortiert werden. Bei verschlossenen Briefkuverts keinen gleichen Namen bei Absender und Empfänger; man könnte sonst Geldgeschenke von daheim vermuten.
Für Alleinreisende: Möglichst regelmäßig zu Hause melden; mit

exaktem Standort und nächstem Reiseziel. Heimatanschriften von momentan Mitreisenden angeben, um bei evtl. späteren Suchaktionen Anhaltspunkte zu liefern.
Deutsche Briefmarken einstecken und heimfliegende Touristen, Lufthansa-Flugpersonal oder Geschäftsreisende bitten, die Post mitzunehmen. Bei normaler Luftpost möglichst die Briefmarken vor den eigenen Augen entwerten lassen; einige Hauptpostämter haben Freistempler. Pakete von unterwegs mit Souvenirs usw. kommen meist zu Hause an. Sehr schnell, sicher, aber teuer (z. B. für belichtete Filme): Luftfracht. Umgekehrter Weg nach Lateinamerika wegen Zollschwierigkeiten so gut wie hoffnungslos.
Weltnachrichten und Informationen über Deutschland mit Kurzwellen-Empfänger (ev. Kurzwellen-Vorsatzgerät) von Deutsche Welle, Köln (Frequenzplan schicken lassen), BBC, Voice of America, Schweizer Rundspruch. Radio kann auch wichtig werden bei plötzlichen Unruhen im Lande (wegen Ausgehverboten, Grenzschließungen usw.) oder bei Hurrican-Warnungen (USA). CB-Funkgeräte überall in Lateinamerika verboten.

Reiseroute

Die Panamericana ist zwischen Alaska und Feuerland zwar „nur" etwas mehr als 30 000 Kilometer lang, aber durch zahlreiche verlockende Abstecher kann schnell die doppelte oder dreifache Entfernung zurückgelegt werden.

1. Nordamerika

Alaska und Nordamerika:
nördlichster Teil der Panamericana z. Z. nur bis Circle City befahrbar; Erdstraße bis zur Prudhoe-Bay nur zur Versorgung der Öl-Pipeline. Alternativrouten zum Alcan: Taylor und Campell

Highway von Tok über Dawson City nach Watson Lake und von dort über Holzfällerstraßen (evtl. Fahreinschränkungen für PKW beachten!) nach Prince Rupert auf die Nationalstraße 16.

USA:
Der Westen bietet die meisten Attraktionen. Besonders lohnend Route über die Nationalparks Yellowstone und Glacier, Salt Lake City nach San Francisco. Auch Highway Nr. 1 entlang der Pazifikküste von Vancouver über Seattle nach San Francisco sehr zu empfehlen. Von dort Ausflüge nach Yosemite National Park, Death Valley, Grand Canyon, Petrified Forest National Park.

Mexiko:
Besonders interessante Fahrt durch Baja California (asphaltiert); Fährverbindungen mit mexikanischem Festland. Kultureller Höhepunkt in Yucatán, hervorragende Bademöglichkeiten an der Ostküste (Karibik). Asphaltstraße zur Grenze nach Belize.

2. Zentralamerika

Urwaldstraße durch *Belize* nach Tikal in *Guatemala,* von dort weiter nach Guatemala City, teilweise Asphalt. *El Salvador* kann umfahren werden. Direkter Übergang von Guatemala nach *Honduras* bei Copan. Bis *Panama* dann nur noch eine Durchgangsstraße, die eigentliche Panamericana. Urwaldpiste Panama-Kolumbien nur unter größten Schwierigkeiten von expeditionsmäßig ausgerüsteten Vierradfahrzeugen in der Trockenheit befahrbar. Dauer mehrere Wochen! Statt dessen Verschiffungen von USA, Panama oder anderen mittelamerikanischen Staaten.

3. Südamerika

Kolumbien: Bergstraße durch die Anden von Bogotá nach Venezuela interessanter als Küstenstraße über Medellin.

Venezuela: Interessanter Abstecher in die Grand Sabana und evtl. weiter nach Brasilien – über Ciudad Bolivar, El Dorado, Santa Elena, Boa Vista nach Manáus am Amazonas. Pistenzustand verändert sich laufend.

Ecuador: Abstecher von Quito in das Amazonastiefland (Oriente) sehr lohnend. Routen: 1. Quito, San Pedro de los Cofanes (Indianer), Lago Agrio (Ölgebiet). 2. Banjos, Puyo, Tena. Schöne einsame Küste westlich von Guayaquil bei Salinas.

Peru: Küstenstraße (Panamericana) durchgehend asphaltiert bis zur chilenischen Grenze. Wüstenstraße mit vereinzelten Oasen. Bergstraße durch die Anden in der Regenzeit (Dezember bis April) wegen zahlreicher Furten schwer befahrbar.
Lohnende Abstecher: von Casma nach Huarás in der Weißen Kordillere; von Lima nach Cerro de Pasco (4900 m) ins östliche Amazonastiefland nach Pucallpa am Ucayali, von dort Schiffsanschluß (einfache Pontonschiffe) nach Iquitos am Amazonas. Alternativroute zur Küstenstraße südlich Limas: Lima, La Oroya, Huancayo, Ayacucho, Cuzco. Abstecher von der Küstenstraße nach Cuzco auch vom südlich Lima liegenden Picso und von Nazca möglich. Von Cuzco zum Titicaca-See Erdstraße mit einigen Wasserdurchfahrten.

Bolivien: Strecke entlang des Ostufers des Titicaca-Sees nicht anzuraten. Touristenroute über Puno und Copacabana oder Guaqui nach La Paz. Lohnender Abstecher von La Paz über die Anden ins Amazonastiefland (Yungas) nach Huancay und an den Rio Beni. Möglichkeiten zur direkten Fahrt nach Chile über Puerto

Japones und Sajama nach Arica an der Pazifikküste; nur in der Trockenheit (Mai bis November) befahrbar, schwierige Piste. Gleiches gilt für den Weg über die Salzseen von Uyuni über Colcha und Ollaque zur chilenischen Küste bei Iquique.

Chile: Mehrere Übergänge über die Anden nach Bolivien und Argentinien; vor allem im Süden wegen geringer Andenhöhe problemlos. Von Puerto Montt herrliche Schiffsreise nach Punta Arenas an der Magellanstraße. In Puerto Montt auch südlichster Übergang nach Argentinien.

Argentinien: Zwei große Nord-Süd-Straßen; einmal entlang der Anden-Ostseite von der bolivianischen Grenze bis nach Feuerland. Zum anderen von der brasilianischen Grenze bei Iguassu entlang der Atlantikküste über Buenos Aires bis nach Feuerland. Von der Andenstraße (Routa 40) interessante Abstecher in das regenreiche Südchile nach Puerto Aisén, die Gletscherwelt des Moreno und in den Paine Nationalpark. An der Atlantikküste besonders interessante Naturparks für See-Elefanten, Seevögel und Pinguine. Regelmäßige Fährverbindung mit Feuerland.

Uruguay: Fährverbindung von Buenos Aires; Grenzübergänge in Paysandu und Salto. Schöne Küstenstraße über Montevideo zur brasilianischen Grenze.

Brasilien: Gut ausgebautes Straßennetz besonders im Süden und in Küstennähe. Im Hinterland oft schwierige Straßen, oft auch nicht befahrbar (Transamazonica). Sehr lohnende Küstenstraße von São Paulo nach Rio de Janeiro; ebenso lohnende Piste von Brasilia nach Salvador. Sonst häufig lange, eintönige Straßen (Brasilia – Belem).

Paraguay: Mehrere Grenzübergänge nach Brasilien bei Iguassu. Lohnender Abstecher auf der Trans-Chaco-Straße in den Chaco. Piste führt weiter nach Bolivien; sehr schwierige Strecke, bei Regen (das ganze Jahr über möglich) unpassierbar.

Christine de Colombel

DER SIEGREICHE BERG

Dieses Buch schildert den Versuch einer Frau, zusammen mit ihrem Partner den 7821 m hohen Masherbrum im Karakorum ohne technische Hilfsmittel zu bezwingen. Schlechtwetterperioden und Lawinen lassen jedoch alle Versuche scheitern. Der Rückweg ist die Hölle. Ein faszinierender Bericht, der körperliche und seelische Extremsituationen beschreibt, die Bergsteiger auf sich nehmen. Ein Buch, das auch Nicht-Bergsteiger begeistern wird.

222 Seiten, 58 s/w Fotos, 2 Karten, Reisetips

ABENTEUER – HEUTE

Schneider-Buch

Klaus Höppner

COWBOYS DER WÜSTE

Wie die Cowboys im Wilden Westen treiben die Kameltreiber ihre Kamelkarawane quer durch den Sudan nach Ägypten. Klaus Höppner war einer von ihnen. Während des 1 000 km langen Rittes lernte er Hitze und Kälte, Hunger und Krankheit kennen und überlebte nur, weil er sich den Bedingungen der Karawane total unterwarf. Sein fesselnder Bericht vermittelt einen lebendigen Eindruck von Land und Leuten und beweist, daß Reisen auch heute noch ein Abenteuer sein kann.

188 Seiten, 62 s/w Fotos, 2 Karten, Reisetips

ABENTEUER – HEUTE

Schneider-Buch

In der Reihe
ABENTEUER-REPORT
sind als Paperback erschienen:

RICK BERG **Viel Welt für wenig Geld**
Der Reiseführer ins Abenteuer

EVELYNE COQUET **Kolibris und Krokodile**
Mit dem Pferd durch die Urwälder des Amazonas

RAINER DEGLMANN-SCHWARZ **Traum-Trips**
Reportagen von unterwegs

HORST ENGELS **Haie!**
Mit der Kamera auf Unterwasserjagd

GUSTAV HARDER / WERNER MÜLLER-ESTERL
Annapurna I
Der vergessene Achttausender

HELMUT HERMANN **Heiße Tour Afrika**
Mit dem Fahrrad von Algier nach Kapstadt

HELMUT HERMANN **Von Thailand nach Tahiti**
Ein Globetrotter auf dem Weg zur Südsee

PETER JENKINS **Das andere Amerika**
Abseits der Highways durch die Vereinigten Staaten

MIKE JONES **Sturzfahrt vom Everest**
Mit dem Kajak durch Wildwasser und ewiges Eis

GEORG KIRNER **Meine Freunde – die Kopfjäger**
Mit dem Rucksack durch Borneo
und die Philippinen

DIETER KÜHNEL **Rätselhaftes Indien**
Mit dem Motorrad durch das Land der Bettler
und Maharadschas

MANFRED KUGELMANN **Trip in die Steinzeit**
Expedition durch Papua-Neuguinea

WILLY DE ROOS **Segeln in der Arktis**
Ein Mann bezwingt die Nordwest-Passage

HEINZ ROX-SCHULZ **Der Ruf des Condor**
Ein Mann allein durch Südamerika

OLUF ZIERL **Highway-Melodie**
Mit dem Motorrad 20 000 km quer durch die USA

Alle Bände mit Karten und zahlreichen s/w-Fotos.

Lieder für alle, die Fernweh haben!

Gerhard Buchner

FREI WIE DER WIND
DM 12,80

Das Heulen von Lokomotiven in der Nacht, das Klatschen der Wellen am Strand, der Wind in den Segeln und das Rauschen der Palmen, Fernweh und Heimweh, sich verlieben und sich wieder verlassen, Freundschaften schließen und der Wunsch nach Frieden – all dies ist in diesem Liederbuch eingefangen.

Es enthält Lieder aus aller Welt, vom schönen deutschen Volks- und Wanderlied über Folksongs und Shantys bis hin zu Liedern aus unserer Zeit, z. B. von Simon und Garfunkel, Kris Kristoffersen, Bob Dylan, Rolling Stones, Eagles, John Denver, Hannes Wader und John Lennon.

Alle Lieder sind sorgfältig mit vollständigen Texten, Noten- und Akkordangaben versehen. Im Anhang findet sich eine Anleitung für Rhythmusgitarre, mit Grifftabelle und vielen Mustern für rhythmische Begleitung.